LINGUISTIQUE ET TRADUCTION

PSYCHOLOGIE ET SCIENCES HUMAINES

Georges Mounin

linguistique et traduction

DESSART ET MARDAGA, EDITEURS

2, GALERIE DES PRINCES, BRUXELLES

TABLE DES MATIERES

AVANT-PROPOS

L'ouvrage qu'on présente dans les pages qui vont suivre est un recueil d'articles publiés entre 1957 et 1974. Il offre de ce point de vue le risque, accepté librement, d'un certain nombre de répétitions, dues surtout à la présence d'articles qui étaient chaque fois des panoramas, pour des publics différents, généralement non informés ou mal informés.

Mais on plaidera ici pour la plus grande partie de ces répétitions. Tout d'abord, parce que ce qui semble répété, en fait, n'est souvent qu'indiqué dans un texte, repris et développé dans un autre, exemplifié de façon différente dans un troisième : les articles, ainsi considérés, se répondent, s'éclairent l'un l'autre et se complètent. Ensuite, parce que l'ouvrage, du fait de la vocation d'enseignant de l'auteur, se trouve être une anthologie, une bibliographie, une ressource. On trouvera par conséquent beaucoup de citations de beaucoup de chercheurs contemporains, inspirées par la conviction qu'une théorie de la traduction, aujourd'hui, sans aucun syncrétisme, ne peut être que le fruit de la collaboration de beaucoup d'esprits, — une œuvre collective par sa base de données, d'analyses, et même de solutions partielles. Faire lire et relire les classiques de la traduction, loin d'être inutile, reste sans doute une tâche prioritaire, étant donné que pratiquement tout traducteur est un autodidacte dont la culture est trop souvent atomisée : beaucoup de noms répétés, de citations sur lesquelles on insiste veulent être beaucoup de points de départ pour une réflexion théorique qui n'est pas moins nécessaire qu'il y a trente ans. De plus, on a voulu diffuser aussi cette idée, dans les jeunes générations de traducteurs-linguistes, que la réflexion linguistique sur la traduction n'est pas née de la dernière pluie — et imposer, si peu que ce soit, le spectacle instructif de l'histoire des problèmes. Il reste encore beaucoup d'idées assez révolutionnaires sur la traduction, qui ne sont pas assez répandues chez les traducteurs : ce qui est répété méritait et mérite encore d'être aujourd'hui répété. En bref, on a voulu, sans complexe d'aucune sorte, rappeler que malgré les pathos à la mode la situation actuelle en matière de réflexion sur la traduction n'est pas tellement plus satisfaisante qu'il y a quelques décennies, quand tout était à faire.

On a donc tourné inlassablement autour des mêmes problèmes, d'où un livre concentrique là où tout le monde rêverait d'un exposé linéaire : des faits aux problèmes et des problèmes aux solutions, — chose qui n'est pas encore possible.

Enfin, le tempérament de l'auteur l'a porté aussi, il ne saurait se le dissimuler, à rompre des lances contre « la littérature sur la traduction » d'une part, et contre les snobismes terminologiques ou théoriques actuels, mystificateurs et malfaisants parce qu'ils freinent la recherche, dans l'autosatisfaction. Cette libre critique, et tout amicale, il fallait d'autant plus la faire qu'elle s'adresse à des amis, traducteurs de la S.F.T., collaborateurs des numéros spéciaux de *Langages*, des *Cahiers du Symbolisme* et d'*Etudes de Linguistique appliquée*, qui représentent la relève de la recherche en ce domaine.

Sur un point — le livre paraissant dans la collection où on l'accueille — des lecteurs pourront être déçus : c'est en ce qui concerne les rapports entre psychologie ou psycholinguistique et problèmes de la traduction. La défense est ici plus facile. En effet, si l'on excepte quelques mesures américaines concernant la fiabilité d'une traduction, quelques expériences de Van der Pol sur la conservation sémantique et stylistique à travers des traductions successives, et quelques travaux de Pierre Oléron, la traduction reste un problème à peu près ignoré des psychologues et des psycholinguistes. Or, elle est peut-être un des domaines les plus intéressants pour explorer certains de leurs problèmes majeurs : celui des rapports entre le langage et la pensée, celui de l'arbitraire du découpage linguistique de la réalité (hypothèse de Humboldt et de Whorf), celui des rapports entre structures linguistiques et psychologie des peuples, ou mentalités, celui de la projection psychologique ou psychanalytique du lecteur [ici, le traducteur] dans le texte, etc.

Répondre à cette demande est, au moins pour l'auteur de ces lignes, une tâche encore prématurée. Ce sera celle des jeunes générations, si elles ne perdent pas de vue que les problèmes de la traduction sont des problèmes scientifiques. Mais on espère que les lecteurs trouveront dans les pages qui suivent des informations bibliographiques, des documents factuels, des commencements d'analyses, des hypothèques parfois, des esquisses de solutions rarement, concernant ces problèmes. A chaque génération suffit sa tâche.

I. INTRODUCTION

LA TRADUCTION DEVIENT-ELLE
UN PROBLEME DE PREMIER PLAN ?
(1957)

1

La traduction devient-elle un problème de premier plan ?
On aurait plutôt l'impression contraire : c'est autrefois que
les débats étaient vifs, depuis Cicéron jusqu'à Leconte de
Lisle. Aujourd'hui tout le monde a l'air d'accord. Et quand
la guérilla reprend, comme à propos des traductions de
Shakespeare au Club Français du Livre, on a le sentiment
d'un anachronisme, ou d'un malentendu. Professeurs, écrivains (ce sont les deux camps) condamnent le mot à mot
qui massacre le sens et le français; d'autre part, ils veulent
être fidèles au texte, et n'être infidèles en même temps ni
à la langue française, ni à la poésie, ni au génie.

Chaque camp, certes, tend à retomber dans les défauts
qui sont l'envers de ses qualités. Les traducteurs écrivains
sont guettés par la *traduction impressionniste*, par le danger
« d'interpréter l'œuvre en fonction de leur tempérament »,
comme le leur reproche M. Loiseau, de la Faculté de Bor-

deaux. C'est vrai que « plus ils sont poètes, et plus leur indice de réfraction [*risque* d'être] élevé » [1]. Même le traducteur technique, nous dit V. H. Ingve, le savant directeur de la revue *Mechanical Translation*, court un tel risque, « nourrissant les détails du texte à traduire avec sa propre connaissance de cas semblables à ceux qui sont évoqués dans ce texte, et déduisant ainsi le sens probable de tel passage ambigu. Dans des circonstances de ce genre, la traduction technique se rapproche dangereusement de l'essai personnel à partir d'un thème suggéré par le texte à traduire. Il existe un risque de lire dans les mots de l'auteur des significations qu'il n'avait jamais pensé y mettre, significations nées au contraire dans l'esprit du lecteur ou du traducteur. Peut-être que la plus grande habileté dont un traducteur ait besoin, c'est d'être capable de rester fidèle à l'auteur dans des situations de cette sorte. Dans les traductions d'œuvres d'art littéraires, en particulier, il faut beaucoup d'étude et de soin pour s'assurer qu'on laisse intact le sens de l'auteur » [2]. Ainsi Pierre-Jean Jouve, dans sa traduction des *Sonnets* de Shakespeare, à propos de quoi Léon-Gabriel Gros, angliciste et poète, pose la question : « Le tout est de savoir si ce n'est pas davantage du Jouve que du Shakespeare [3]. » Quand on relit les traductions que Jouve a faites autrefois d'Ungaretti [4] (surtout quand on les compare à celles, plus récentes, de Jean

---

[1] *Le Monde*, Nᵒˢ du 18 août, du 28-29 août, du 6 septembre 1955.
[2] *Babel*, vol. II, Nᵒ 3, octobre 1956, pp. 131-132.
[3] *Poésie traduite*, Cahiers du Sud, numéro de décembre 1955.
[4] G. Ungaretti, *Vie d'un homme*, traduit de l'italien par J. Chuzeville, Gallimard, 1931. V. les traductions de P. J. Jouve, pp. 135 et 137.

Lescure [5] aidé par Ungaretti lui-même) on se demande
également si ce n'est pas autant du Jouve que de Ungaretti.
Les traducteurs-écrivains créateurs auront toujours tort de
n'être pas très attentifs à cet inlassable avertissement des
spécialistes-professeurs, même s'il n'est pas aimablement
formulé : vous n'avez pas le droit de *travestir*, — en lisant
votre traduction de Shakespeare ou d'Ungaretti, nous cher-
chons un éclairage sur Shakespeare ou sur Ungaretti, non
sur Jouve. (Et Jouve n'avait pas le droit de répondre :
« Qu'importe ! »)

Mais les spécialistes-professeurs sont guettés par le
danger de la *traduction-préparation anatomique*, de cette
mise en prose qui devient une mise en bière, selon les termes
irrespectueux de Valéry. Le danger, pire, est qu'ils for-
mulent la théorie de cette pratique, voulant qu'il y ait
deux sortes de traduction légitime, l'universitaire (ou la
traduction comme moyen pédagogique), la littéraire (ou la
traduction comme fin, comme œuvre esthétique en soi).
C'est la thèse avouée de Benedetto Croce. Les traductions
universitaires, dit-il, « sont de simples instruments destinés
à la compréhension des œuvres originales, et qui permettent
pratiquement l'analyse et l'élucidation de leurs éléments;
ils préparent la synthèse ultérieure, que la parole originale
livrera seule. On peut bien, par excès de sensibilité esthétique, regretter et maudire le massacre qui se faisait et qui
se fait des poésies dans les écoles, en les mettant en prose;
mais de fait il n'est pas possible d'apprendre à lire Horace

---

[5] G. Ungaretti, *Les cinq livres*, texte établi par l'auteur et Jean
Lescure, *Les Editions de Minuit*, 1953, p. 225 et s. On pourra voir
aussi, de Jean Lescure, les huit pages qu'il consacre à cette
expérience sympathique, mais peu concluante, à demi réussie
seulement, dans *Problèmes ou Problème d'une Traduction*, Société
européenne de Culture, *Comprendre*, Nº 12, 1954, Venise.

ou Pindare sans passer par ces versions littérales en prose;
même il convient de les utiliser de temps en temps pour
l'intelligence de nos poètes nationaux, par exemple pour
certaines stances de nos poètes du XIIIe siècle, et peut-être
pour certains passages de Foscolo, Leopardi, Carducci, qui
appartiennent pourtant au XIXe siècle. Ces traductions
littérales et en prose, ou même rythmées, imitant non sans
efforts et contorsions les rythmes originaux, demandent à
être complétées par les originaux » [6].

Tant que les professeurs appelleront traduction cette
opération vétuste, hérétique (anti-pédagogique dans le
moment même où elle se prétend nécessité pédagogique :
elle désapprend le français, n'enseigne pas la langue *vivante*
étrangère, et constitue le contraire exactement d'une initiation à la poésie), ils courront à la catastrophe [7]. Ils ont
tort, à leur tour, d'être sourds à la leçon répétée des
traducteurs écrivains : ce n'est pas seulement au vocabulaire, à la grammaire, à la phonétique, à la prosodie
même, tout externe et mécanique, — c'est à la poésie du
texte, au talent de l'écrivain, c'est au génie qu'il faut être
attentifs, et qu'il faut essayer d'être fidèles. Comme le disait
Abel Chevalley, voici trente ans, « ce qu'il faut atteindre,
c'est l'identité non pas seulement d'*expression* mais d'*impression*... Si l'objet est de produire sur le lecteur étranger

---

[6] *La Poésie*, traduction française de D. Dreyfus, P.U.F., 1951.
[7] Sur cette question, mieux vaudra toujours se reporter à
l'excellente *Traduction du Latin* de Jules Marouzeau (Les Belles
Lettres, 4e édition, 1951), qui souffre de ce titre restrictif, alors que
la lecture du volume se recommande à tous ceux qui traduisent, en
quelque langue que ce soit. Ceux que ces problèmes intéressent
pourront aussi, par exemple concernant Horace, étudier les traductions des mêmes pièces par deux professeurs-poètes : Jean Prévost,
L'Amateur des Poèmes, Gallimard, 1940; et Fernand Verhesen,
Odes (choix et traduction de Fernand Verhesen), Bruxelles, La
Maison du Poète, 1950.

(contemporain du traducteur) la même impression que produisit l'original sur le lecteur indigène (et contemporain de l'auteur) alors toute forme *translatée*, comme disaient nos pères, d'un ouvrage de l'esprit, est fonction non pas seulement du texte, mais aussi du temps et du pays, du goût public et de l'interprète. C'est une création artistique au sens de l'acteur créant ou recréant un rôle » [8]. Les meilleurs d'entre les spécialistes n'ont jamais nié cette leçon [9]. Croce lui-même oppose à la *préparation anatomique*, qu'il vient si malencontreusement de légaliser, « les traductions du premier genre, ou traductions poétiques. Elles appartiennent, dit-il, à la re-création de la poésie originale » [10]. (Mais aussitôt, la célébration qu'il fait de *l'Iliade*, traduite par Vincenzo Monti — poète napoléonien de salon, du type Jean-Baptiste Rousseau — fait douter de son discernement poétique. Théoriquement clos, le débat des traducteurs-professeurs et des traducteurs-écrivains risque de se rouvrir à chaque cas d'espèce.)

2

Théoriquement clos ? C'est peut-être déjà trop dire. Aussitôt qu'on entreprend d'étudier les problèmes dans leur

---

[8] *Cahiers du Sud, Enquête sur la Traduction*, n° 89, avril 1927, p. 263. Ce numéro spécial, avec les réponses de quarante importants traducteurs du moment, reste un jalon précieux pour l'histoire de la traduction du XXe siècle en France.

[9] Voir Edmond Cary, *Traduction et Poésie*, dans *Babel*, mars 1957, p. 11-32.

[10] Croce, ouvrage cité. Pour le domaine italien, consulter : Mario Picchi, *Del Tradurre*, dans la *Fiera Letteraria* du 3 juin 1956. Article très nourri d'hebdomadaire, qui tiendrait vingt pages de revue, c'est un répertoire intéressant des questions et des solutions, sur ce thème, dans la culture italienne d'aujourd'hui — plus traditionnelle et plus rhétorique que la nôtre; opinions de Fubini, De Luca, Valgimigli, Trompeo, Mario Praz, Cecchi, Paratore, Ungaretti, Vittorini, Montale, Anceschi.

ensemble, on s'aperçoit d'un fait étrange : en tant que science particulière (ayant son domaine particulier), la traduction reste un secteur ignoré de la connaissance. Il s'est produit pour la traduction la même chose que pour un certain nombre de régions du savoir : étant à l'intersection de plusieurs sciences, elle n'est considérée comme objet propre d'investigations par aucune d'entre elles (exactement ce qui s'est produit pour l'étude scientifique de l'évolution des sols : aux confins de la géologie, de la science agronomique et de la géographie, pendant longtemps la science des sols — la pédologie — n'a tout simplement pas existé parce qu'elle n'était pas aperçue comme problème distinct). Dans les Facultés, nulle part il ne semble exister de chaire où la traduction soit traitée comme un problème théorique. Certes, il y a longtemps qu'il existe des apprentissages d'interprètes : Edmond Cary peut même esquisser leur histoire depuis les drogmans de la Sublime Porte jusqu'aux cours des Langues Orientales. Les universités de Trieste, Genève, Turin, Vienne, Paris, Louvain, Cologne, depuis moins de vingt ans toutes, ont leurs instituts d'interprétariat, comme celle de Naples a son cours d'interprètes à l'*Istituto Orientale*. Mais Cary n'a pourtant pas tort d'écrire que « l'enseignement et le recrutement des *traducteurs* restent des problèmes presque entiers ». Dans les Facultés, la traduction comme activité pratique — et souvent secondaire — en est au stade artisanal; et l'étudiant de langues vivantes, apprenti traducteur, en est réduit à remplacer la doctrine générale, qui n'existe pas sur ce point, par une espèce de psychologie des membres des jurys des concours : essayer de se tenir informé des goûts et des phobies de chacun d'entre eux, pour attraper le genre maison.

C'est ici que *L'Arte del Tradurre* de Landini s'offre comme un document rare : ouvrage d'un universitaire italien privilégié dans l'enseignement du français, puisqu'il a fait ses études secondaires à Nice et ses études supérieures à Paris; de plus, ami d'écrivains comme Gide, un professeur *optimum*. Pourtant son livre est un témoignage sévère contre l'enseignement supérieur des langues vivantes sur un point capital (l'Italie, sur ce point, suit les errements français). Il s'agit d'une confusion de principe entre culture littéraire étrangère et connaissance de la langue, qui conduit à cette épreuve quasi insensée, le *thème* littéraire : exiger d'un étudiant *français*, par exemple, qu'il rivalise avec les meilleurs écrivains italiens vivants pour *mettre en italien* des textes de La Bruyère, de Saint-Simon, voire de Lautréamont. C'est ignorer la leçon de toutes les bonnes traductions, bien résumée par Gide dans sa *Lettre à André Thérive* : « Un bon traducteur doit bien savoir la langue de l'auteur qu'il traduit, *mais mieux encore la sienne propre*, et j'entends par là : non point être capable de l'écrire correctement mais en connaître les subtilités, les souplesses, les ressources cachées . » [11] (Marcel Brion disait déjà quatre ans plus tôt, concluant sur l'enquête des *Cahiers du Sud* : « C'est dans sa propre langue que le traducteur trouve les plus grandes difficultés. ») C'est donc folie de penser que des Italiens puissent faire ce pour quoi de très bons auteurs français, par exemple, suffisent à peine; c'est la folie de Landini, et c'est la folie sur laquelle est basée l'épreuve-clé du *thème littéraire* dans notre enseignement supérieur des langues vivantes : folie qui confond la connaissance d'une langue étrangère avec l'art, très limité même s'il est très difficile, du pastiche littéraire (souvent, de plus, archaïsant) dans une langue étrangère. Comme l'écrit tout de go Landini, paraphrasant le *Com-*

---

[11] Gide, *Divers*, Gallimard, 1931.

mento ai programmi di francese de Carlo Cordié, le problème est tout simplement (pour les étudiants italiens) « de retrouver l'entrain et le génie de Ronsard pour faire résonner à nouveau en alexandrins français les vers de l'Arioste ou du Tasse; de se faire l'âme d'un Montaigne pour représenter à nos contemporains un Castiglione ou un Bembo » ! Le résultat, c'est que Landini, dont on admire les connaissances en français pourtant, se trompe presque à chaque page pour traduire en français des locutions italiennes banales. Il parle dès la page 9 de « l'homme qui *consomme* les années que Jupiter lui concède »; il croit que *malévole* est du français vivant, confond *absorbé* avec *assorti*, parle du *corps à plumes* des oiseaux. Sans parler du fait que cette volonté d'apprendre à rédiger des textes dans tous les états historiques d'une langue, du XIVe au XXe siècle, amène à confondre ces états : dans un texte qui se veut XVIIe siècle, on trouve du français très familier du XXe; ou bien, pour traduire un écrivain d'aujourd'hui, des formes inusitées depuis Racine [12]. Ce culte maniaque pour le thème littéraire est une des plus grosses erreurs pédagogiques de notre enseignement supérieur des langues vivantes : on y aboutit à la prétention, peut-être inconsciente mais exorbitante, d'enseigner des *styles* et non des langues, les plus difficiles des styles (ceux des grands écrivains), la plus difficile des choses en *langue maternelle*, et, c'est un comble, de les enseigner pour une langue étrangère. On peut souscrire à l'opinion de Cary, que,

---

[12] Le livre d'Adrien Robinet de Cléry sur Rilke traducteur n'est pas moins décevant pour de tout autres raisons. C'est un inventaire monotone et décousu de petites observations sémantiques et morphologiques sur une dizaine de traductions de Rilke (*La Religieuse portugaise*, Gide, Valéry). Chaque texte est étudié comme un compte rendu de version corrigée, très grisailleux. Document pour germanistes.

malgré les apparences, notre enseignement n'enseigne pas à traduire. « Cela seul, suffirait à expliquer pourquoi une foule de gens, nantis de leur bagage scolaire et de quelques connaissances linguistiques, se croient ouverte la carrière de traducteur littéraire et s'étonnent des avanies qu'ils y essuient. »

3

Chose plus singulière encore concernant la théorie de la traduction : alors que tout traité de philosophie complet se doit d'inclure une philosophie du langage, cette dernière n'offre pas d'étude sur la traduction considérée comme une *opération de l'esprit* — courante, importante, révélatrice — concernant le langage (et peut-être la pensée). En effet, la linguistique, attentive à tous les phénomènes de langage, est muette sur ce point. La traduction, comme phénomène et comme problème distinct de langage, est une chose ignorée complètement par les traités de linguistique. (Corollaire : nombre de grandes bibliothèques, à leur fichier, ne possèdent pas de fiche bibliographique sur la traduction.) Le fait est d'autant plus caractéristique que nombre de traités linguistiques étudient, et bien, des problèmes moins concrets : celui de la perfection des langages par exemple. De leur côté, ni l'*Encyclopaedia Britannica*, ni la *Grande Encyclopédie*, ni l'*Encyclopedia Treccani* (qui consacrent toutes un article à l'hérésie théologique minuscule du *traducianisme*) ne donnent une ligne à la traduction, son histoire, ses techniques, ses problèmes. Le *Larousse du* XXe *siècle*, seul, y consacre vingt lignes honnêtes, qu'on aurait pu rédiger voici plus d'un demi-siècle. Il suffit d'avoir esquissé ce panorama de lacunes pour apercevoir en même temps comment s'expliquent ces lacunes : tous les problèmes posés par la traduction supposent, explicite ou non, la possession d'une psychologie du langage et d'une linguistique générale — c'est-à-dire d'une théorie du langage exacte; plus une esthétique générale; plus une théorie de la poésie. Sinon les idées sur la traduction, les pratiques de la traduction sont une tour de Babel; et c'est sans doute un peu le cas jusqu'ici.

4

Ces dernières années nous ont tout de même apporté quelques changements. Deux numéros quasi spéciaux de *La Parisienne*, adroite à discerner l'actualité, sont, à quatre ans d'intervalle, des symptômes. Certes, il s'agit là surtout des côtés pittoresques de cette actualité de la traduction, traités dans le style « boulevardier de l'esprit » qui veut être le ton de cette revue. Mais il y a, dans les deux numéros, toute une suite d'articles nourris de faits, de documents, de chiffres, esquisses d'une géographie, d'une économie, d'un droit comparé de ce petit nouveau monde; des points de vue rafraîchissants aussi, qui nous changent de l'éternelle partie de ping-pong entre les traductions belles mais infidèles, et les fidèles mais laides. Même si l'article le plus franchement théorique, celui de Nadjm Oud-Dine Bammate, est resté trop *parisien*, c'est-à-dire trop dans le ton de *La Parisienne,* c'est un galop brillant, toute une suite d'observations tirées de tous les domaines imaginables, arabe, espagnol, anglais, français, russe, persan, chinois; texte cursif, et choix d'illustrations toutes neuves sur des thèmes bien connus (de phonétique et de stylistique) plutôt qu'un renouvellement des façons de voir, une succession de morceaux de bravoure classiques sur le thème implicite de l'intraduisibilité. Paradoxalement, cet essai, directement écrit en français sans doute, par un Afghan, nous pourrions nous demander s'il ne se dément pas lui-même — tellement cet Afghan pense en français, voire en *caillois* (car son essai pourrait être signé par l'auteur des *Impostures de la Poésie*). Déjà, le premier numéro spécial de *La Parisienne* s'achevait sur une défaite analogue de l'esprit *parisien* : des « exercices pratiques », une page de Saint-Simon traduite en espagnol, puis ce texte espagnol traduit en italien, celui-ci en allemand, l'allemand en anglais, l'anglais en chinois; finalement, le chinois en français. Malgré l'intention de la revue probablement, cette suite d'opérations prouvait en faveur de la traduction : Paulo Rónai, qui tient dans son *Escola de Tradutores* le journal du métier qu'il aime, remarque avec humour que le passage de Saint-Simon supporte bien ces vicissitudes, et qu'on retrouve encore, au sortir de la dernière épreuve, la signification, le style et les défauts du fragment. C'est vrai, dit Rónai, que lui fut épargné le suprême avatar : une traduction faite en portugais du Brésil, de la main de certains hommes de lettres bien connus de Rio (ceux qui lisent le portugais se délecteront de ce petit traité, d'un Hongrois du Nouveau-Monde qui justifie pleinement le mot de J. Salas Subirat, le traducteur argentin de Joyce : « Traduire, c'est la manière la plus attentive de lire. »)

Le petit livre d'Edmond Cary (l'un des animateurs de la Société Française des Traducteurs, et le secrétaire général de la Fédération Internationale des Traducteurs)[18], constitue, lui, un véritable manuel de l'état présent des questions. Traduction littéraire, poétique, traduction de livres d'enfants, traduction théâtrale et lyrique, doublage cinémato-

[18] Voici l'adresse de ces deux organisations : Maison internationale des Pen-Clubs, 66, rue Pierre-Charron, Paris 8e.

graphique, traduction de presse, traduction technique, commerciale, militaire, administrative, judiciaire, diplomatique, interprétation de conférences, et *mototraduçao*, comme dit Rónai (c'est-à-dire traduction par les machines électroniques), comparaissent successivement devant l'alerte et bien informé secrétaire général de la *nation traduisante*. Et le volume aide à bien prendre conscience de la mutation brusque que viennent de subir en moins de deux décennies les problèmes de la traduction.

5

Nous commençons donc à disposer d'une information plus abondante et plus cohérente [14]. Mais il reste difficile de prendre une vue d'ensemble de tous les problèmes de fond. Ceci dans le moment même où la traduction prend des proportions toujours plus vastes comme activité pratique. L'*Index translationum,* publié par l'UNESCO, donnait pour 1949 un total de 10 014 traductions recensées, pour 32 nations. Cinq ans plus tard, un inventaire plus complet, pour 48 nations, donnait 21 676 traductions dans l'année.

En 1953, sur 18 137 ouvrages traduits, recensés dans le monde (presque) entier, 2 316 étaient français : c'est notre exportation traduite. La même année, la France éditait 1 224 traductions : notre importation traduite. Pour la France toujours, la part de la littérature (excluant *grosso*

[14] Il faut souligner le rôle essentiel à cet égard de la revue *Babel,* revue internationale de la traduction, publiée par la F.I.T. avec le concours de l'*UNESCO,* depuis septembre 1955. Son adresse française est celle de la S.F.T. et de la F.I.T. Joignons, pour le domaine français, la collection de l'organe de la Chambre belge des Traducteurs, Interprètes et Philologues, *Le Linguiste,* qui paraît depuis le milieu de 1955, riche et vivant sous un petit volume.

modo les traductions scientifiques et techniques) oscillait probablement des deux tiers à la moitié de ces chiffres. Et cela faisait peut-être aussi le dixième de notre édition annuelle (en 1954, 1 259 traductions sur 12 179 ouvrages édités). Tous ces chiffres ne cherchent ici qu'à marquer des ordres de grandeur, et faire prendre conscience de l'étendue de ce secteur d'activité [15].

6

Un des problèmes les moins débattus, c'est ce qu'on pourrait nommer la thèse « phénoménologiste ». Elle est sous-jacente dans beaucoup d'écrits, et tend à suggérer qu'il est impossible de traduire parce que le langage lui-même n'assure pas la communication des hommes entre eux, même à l'intérieur de la même langue maternelle. Historiquement, c'est l'extension de la vieille thèse kantienne au langage : l'essence de chaque chose, son *noumène*, est inconnaissable; mais chaque mot lui-même est une chose inconnaissable, un noumène au carré. Tout mot ne serait donc que ce que chaque sujet croit qu'il est : « Un échange de paroles et de conceptions, dit Humboldt, n'est pas une transmission d'une idée donnée par une personne à une autre : chez celui qui assimile comme chez celui qui parle, cette idée doit sortir de sa propre force intérieure : tout ce que le premier reçoit consiste uniquement dans l'excitation harmonique qui le met dans tel ou tel état d'esprit. » « Les paroles, ajoute-t-il, même les plus concrètes et les plus claires, sont loin d'éveiller les idées, les émotions, les

[15] On pourra lire le petit article sans prétention, mais riche, de C. de Neubourg, *Le Don des Langues*, dans *Horizons*, N° 72, mai 1957.

souvenirs que présume celui qui les prononce » [16]. Sous cette forme, la théorie « phénoménologiste » du langage est encore limitée par le réalisme d'une pensée foncièrement positiviste. Mais au début du XXᵉ siècle, l'empiriocriticisme de Mach amène Roubakine à dire « qu'un livre n'est pas autre chose que la projection extérieure de la mentalité du lecteur », et que « la bibliopsychologie affirme qu'avant tout il est indispensable de se défaire de cette idée trop répandue que chaque livre possède un contenu qui lui est propre, et que ce contenu peut être transmis, lors de la lecture, à n'importe quel lecteur » [17]. Au terme de cette ligne de pensée, nous trouvons la généralisation de Malraux, selon qui, en profondeur, toute civilisation est impénétrable pour une autre [18].

Le « phénoménologiste » pur soutiendra donc que chaque mot n'étant, pour chaque homme, que la somme de son expérience personnelle et subjective, sur l'objet désigné par ce mot, deux hommes n'ont jamais la même image mentale d'un même mot. Sur le plan des langages, il aboutit à soutenir que chaque langue est seulement la somme des expériences de ceux qui la parlent; deux langues, par

---

[16] *Ueber die Verschiedenheit des Menschlichen Sprachaues*, 2ᵉ éd., 1880.

[17] *Introduction à la Psychologie bibliologique*, s. 1., Povolozki éd., 4ᵉ éd. [1921].

[18] Ceux qui sont curieux de ces questions pourront lire un article typique, ardu mais court, de Jean Catesson : Dans la mêlée (*Monde nouveau*, 1955) où l'auteur lutte pour justifier le langage et la traduction, par rapport à son point de départ phénoménologiste (« Peut-être personne au monde n'a-t-il jamais réellement compris les fables de La Fontaine. ») Cette phénoménologie tend si naturellement au solipsisme qu'on a l'impression de pouvoir plus facilement traduire cet article que de le comprendre. Mais on finit par le comprendre : le langage existe (l'auteur, médecin, semble chercher le fondement théorique de sa lutte contre le solipsisme *pathologique* de ses patients).

conséquent, n'emmagasinent jamais le même stock d'expériences, d'images, de modes de vie et de pensée, de mythes, de conceptions du monde. Même sur le plan strictement scientifique, G. Hardin, dans une étude sur « *L'absence de signification du mot : protoplasme* » en arrive à des formulations comme les suivantes : « chaque mot n'est qu'une hypothèse sur la nature du monde, et chaque phrase n'est qu'un complexe d'hypothèses »; et, de plus, « nous ne voyons le monde que de la façon que nous permet notre langage » [19]. Comment traduire le mot *pain*, dit alors le linguiste phénoménologiste extrémiste, puisque dans tel pays seulement le mot *pain* recouvre, mettons, des objets de dix fabrications différentes, et de vingt-huit formes distinctes ? Sans vouloir entrer dans une discussion de fond concernant la phénoménologie, remarquons que Hardin isole dans le langage un moment arbitraire, celui du vieillissement d'un mot, *protoplasme* par exemple; oublie l'histoire de ce mot, la jeunesse et l'efficacité de ce mot dans un autre moment historique (quel chemin depuis *substance*, jusqu'à *protoplasme !*); et d'autre part, il veut ignorer qu'une hypothèse sur le monde ne reste jamais hypothèse, ignorer les interactions dialectiques entre l'hypothèse et ses vérifications, toute l'histoire sociale du mot, qui est celle de son adéquation au monde. Si Hardin avait raison (dans ses formules, non dans sa critique de tel mot actuel), on se demande pourquoi les langues auraient bougé. Mais pour se borner à la traduction, celle-ci peut toujours se prouver comme le mouvement : en traduisant. Si j'adressais en temps de guerre au linguiste en question le télégramme suivant : « Prière expédier trois tonnes de pain

[19] Dans *ETC, A Review of General Semantics*, XIII, N° 3 (juillet 1956), Chicago.

tel secteur telle unité », je reste persuadé que trois tonnes de *pain* seraient parachutées sans retard, dût le linguiste réquisitionner toutes les miches, boules, couronnes, flûtes, baguettes, ficelles, colombes, gressins, fouaces, petits pains, voire les bretzels de son agglomération. Je demeure aussi persuadé que les gens qui récitent : « Donnez-nous aujourd'hui notre pain quotidien » ne se trompent pas sur la signification de cette phrase encore que, par toute la terre, le mot *pain* recouvre des centaines d'images mentales différentes. Le phénoménologiste, ici comme ailleurs, aboutit peut-être à des grossissements illogiques en opposant les micro-sciences aux sciences dont elles dépendent.

7

A côté de ce problème *légitime, intéressant dans ses limites exactes* (au fond, c'est tout le problème des franges individuelles des mots; des nuances intellectuelles, affectives, stylistiques, culturelles des langages), on doit rappeler, comme étant toujours en suspens, le problème classique : faut-il essayer de traduire des vers avec des vers, ou bien peut-on les traduire en prose ? C'est en grande partie le problème de savoir si la phonétique et la musique d'une langue sont traduisibles. A la rigueur, on peut toujours soutenir que la musique, *si musique il y a* (c'est un problème préalable épineux) créée par la succession $m, m, l, m/d, l, r, d, r, b, l/s, l$, etc., ne peut être traduite que par une suite $m, m, l, m/d, l, r, d, r, b, l/s, l$, [20] c'est-à-dire quasi jamais. A cet égard, les assimilateurs outranciers de la phonétique avec la poétique (au premier rang desquels il y a le Valéry de ces *Variations sur les Bucoliques* qu'il a considérées comme son testament poétique) feront bien de

---

[20] « Mes molles mains dans l'air adorable se lient » (P. Valéry).

méditer sur l'expérience extraordinaire du doublage cinématographique : traduction qui non seulement doit réaliser
la coïncidence essentielle des significations, mais aussi la
coïncidence des mouvements des lèvres des acteurs avec les
mots traduits, puis encore la coïncidence avec les inflexions
de voix, les mimiques des visages, et même — ce n'est pas
la moindre difficulté — la coïncidence du rythme et du ton
de la phrase traduite *avec les gestes* qui ponctuaient la
phrase en langue originale. Il y a là un tour de force à côté
duquel la traduction des effets rythmiques et phonétiques
utiles d'un texte littéraire ou poétique cesse d'être un des
travaux d'Hercule.

On touche ainsi, de plus, à l'autre vieux problème —
assez peu classique aujourd'hui malgré le Malraux des
Noyers de l'Altenburg — du prétendu *génie* intransmissible
des langues (et des civilisations qu'elles supportent). Nadjm
Oud-Dine Bammate a récrit le couplet traditionnel à cet
égard, dans son essai de *La Parisienne* : ses exemples ne
sont jamais faux, ils sont tous fins, précieux même : ils sont
seulement portés à l'absolu. (Répétons-le : si ce qu'il dit de
l'arabe était *absolument* vrai, lui, dont c'est la langue de
culture, aurait été totalement incapable de penser et d'écrire
en français — d'apprendre le français même ! Mais s'il
admet qu'il peut apprendre deux structures de pensée,
l'arabe et la française, alors il peut traduire.) En fait, il
d'agit là de positions extrémistes d'une logique abstraite
déjà vieille, qui correspond au niveau des études linguistiques il y a cinquante ou trente ans — d'idées qui
n'ont plus droit de cité, sous cette forme absolue du moins,
depuis Lote et Meillet, Vendryes et Marcel Cohen et Whorf
et Martinet.

La langue russe, par exemple, est riche en consonnes
chuintantes : exiger que toute chuintante russe soit rendue

par une chuintante en français signifierait prétendre que toutes les chuintantes de tous les mots russes ont une *valeur expressive* — et postuler par conséquent que la langue russe exprime une mentalité chuintante, ce qui serait revenir aux théories mécanistes du langage, aux grossières ébauches proposées par le président de Brosses et Court de Gébelin voici deux siècles ! Et la langue anglaise, alors, si nourrie de monosyllabes, exprimerait-elle un génie monosyllabique ? (Et moi-même aussi, dès que je parle anglais, ne devrais-je pas me sentir envahi par cette prétendue mentalité monosyllabique ?) Contre des formalismes absolus, la position pratique moyenne est un accord empirique sur une série de solutions de type artisanal, au moyen desquelles chaque traducteur se débrouille, avec la phonétique (et la poétique), selon son talent.

8

Plus intéressants sont les problèmes qu'on pourrait appeler non classiques. Comment traduit-on (car on le fait) dans une langue, les mots désignant les choses qui n'existent pas dans la civilisation dont cette langue est l'outil ? Par exemple, comment traduit-on un traité de droit romain en arabe ? (Si quelque Persan de l'*UNESCO* a traduit les *Lettres persanes* en persan, mieux même, *L'Esprit des Lois*, ce serait précieux de lire son journal de travail.) Comment traduit-on un traité de philosophie sanskrite en français ? (Ici aussi, j'emploie le présent, car on le fait. *Babel* devrait publier l'expérience de spécialistes, comme Gabriel Germain par exemple [20].) Comment traduit-on les faits de civilisation (ce qui comprend aussi des émotions, des sen-

---

[21] Voir ce qu'il laisse entrevoir à ce sujet : *Cahiers du Sud*, décembre 1955, pp. 153-154.

timents, des idées) quand il s'agit de les faire passer dans une langue qui ne possède (apparemment) ni ces objets, ni ces sentiments, ni ces idées, ni ces émotions ? Comment traduit-on un poème bantou ? Comment traduit-on un poème en bantou ? (Et toujours, ici, ce qui nous intéressait ce n'est pas le traité a priori abstrait, ce serait le compte rendu des expériences par les traducteurs qui les font.) C'est-à-dire aussi : comment traduit-on la Bible ? Car une expérience assez étonnante consiste à prendre un texte biblique, ainsi *Le Cantique des Cantiques*, pour en suivre la traduction depuis le grec des Septante, le latin de saint Jérôme, en passant par la traduction calviniste de Genève, puis celles de Renan, de la Société biblique universelle de l'abbé Crampon, de l'Ecole biblique de Jérusalem, et de Dhorme [21] — afin de voir les versions différentes, contradictoires même, que des siècles de lecteurs ont successivement décidé d'admirer. L'impression, d'ailleurs, ne porte pas témoignage contre la traduction — peut-être en fait-elle toucher du doigt la validité, le perfectionnement d'âge en âge; sous nos yeux, nous voyons littéralement *se dégager* peu à peu, couche après couche, à chacune de ces traductions de la Bible, une civilisation : comme une fouille archéologique dégage un site englouti, chaque traduction descendant d'une ou plusieurs strates vers l'original.

Un autre problème non classique, probablement difficile, et riche d'enseignements, c'est celui des traductions dites *améliorantes*. Gaspard de Tende, au XVIIe siècle, a déjà cru possible « d'embellir à coup sûr une traduction, et de rendre en quelque façon une copie plus belle que l'original » : il ne s'agissait somme toute que de l'adapter aux

---

[22] *La Parisienne*, N° 4, offre un bon petit article sur les traductions de la Bible.

canons esthétiques et stylistiques de la littérature et des mœurs françaises. Il en est aujourd'hui de même avec les cas banals, qui ne devraient pas rendre perplexes nos journalistes littéraires; ainsi des romans policiers de la Série noire : on les aurait appelés voici deux siècles de belles infidèles, en 1900, des adaptations et nous disons aujourd'hui des *re-writings*. Le mot seul a changé. Mais les choses sont plus compliquées quand il s'agit d'un Edgar Poe, que la critique américaine, à maintes reprises, a jugé très surfait par la critique française, à cause des distorsions qu'il aurait subies sous les plumes de Baudelaire et de Mallarmé. (Les choses ne sont pas si simples et l'hypothèse d'une Amérique sourde à la poésie de Poe ne peut pas être écartée : nous avons besoin d'une étude très objective ici : qui nous la donnera ?). C'est aussi le cas du Persan Hafiz et de son texte anglais : beaucoup s'accordent, en dépit de Bammate qui n'a peut-être pas tort, à le trouver plus persan que l'original; et ce serait le cas de la traduction-pastiche — au terme de laquelle on trouve les *Chansons de Bilitis*. Ce serait enfin le cas, paraît-il, un peu de Dostoïevsky, qui gagnerait presque toujours en passant du russe aux autres langues européennes. On ne peut pas nier que ces faits posent un vrai problème.

Enfin, débat tout neuf, on commence à parler des machines électroniques utilisées pour la traduction. Les esprits romanesques et journalistiques en ont déjà conclu beaucoup de choses, que n'autorisent pas les faits connus. Tout d'abord, de telles machines existent-elles ? Oui et non.

La possibilité d'employer ces machines à calculer pour exécuter des traductions semble être née d'un colloque entre scientifiques américains et britanniques, en 1947, à New York. Il semble aussi que les Américains s'en désintéressent, avant 1950, en dépit d'une première tentative anglaise encourageante[23]. Un nouvel échange de vues, en 1953, finit par intéresser le *Massachusetts Institute of Technology*. L'année suivante eut lieu la première expérience véritable de traduction par un calculateur électronique : L. Dostert obtint la traduction de quelques phrases russes pré-fabriquées (*doctored*) en anglais. Puis une démonstration britannique vit le jour, en 1955, et fut télévisée. De son côté l'Union soviétique, en 1955-56, aboutissait à l'expérience qui, selon Brandwood, « est jusqu'ici la contribution la plus consistante au progrès des traductions par machines électroniques ». Enfin, l'École opérationnelle italienne, à la fin de 1956, annonçait qu'elle était en train d'équiper son cerveau-robot, *Adam II*, pour une expérience analogue. Cary peut donc affirmer que « la machine à traduire [la M. T.] ne constitue nullement une utopie ».

La première correction nécessaire, c'est qu'il s'agit là de trois machines expérimentales, de machines-miniatures; de véritables modèles réduits. La machine américaine et l'anglaise disposent de 250 *unités de mémoire*, c'est-à-dire 250 articles de dictionnaire; la soviétique en a 952. Ces M. T. ne peuvent donc traduire, avec leurs *micro-glossaires*, que des « langues » très pauvres, de 250 à 1 000 mots. Cette limitation n'est que provisoire; mais l'extension du nombre des unités de mémoire pose d'autres problèmes. Retenons que les M. T. actuelles ont pour objet, non pas de traduire économiquement n'importe quel texte, mais selon Booth, d'étudier scientifiquement les principes sur lesquels

[23] Voir les communications de V. H. Ingve, A. D. Booth, L. Brandwood, M. V. Heberden (en anglais) dans *Babel*, octobre 1956. Voir également les articles de E. Cary sur le même sujet, dans son livre, dans *Babel*, octobre 1956, et dans *La Parisienne*, avril 1957.

de telles traductions doivent être fondées — de sorte que si, dans l'avenir, on décide la construction de véritables M.T., tout le travail théorique nécessaire, linguistique et technique, soit prêt.

Ces modèles réduits (tout au moins le russe et l'anglais), — c'est le second point qu'il faut souligner — donnent pourtant déjà de vraies traductions. La distinction des acceptions d'un même mot, des idiotismes, des flexions nominales (féminin, pluriel) et verbales (personnes, temps et modes), les modifications dans l'ordre des mots d'une langue à l'autre, sont déjà des problèmes résolus, si peu croyable que la chose puisse paraître. D'où viennent donc les véritables difficultés ?

La première est un problème d'option. Deux écoles s'affrontent déjà. L'américaine veut des résultats bon marché, vite, en grande quantité, pour amortir le prix de revient du calculateur électronique utilisé comme un pur dictionnaire automatique. Elle cherche à combiner le travail de la machine soit avec des *préparateurs* humains, chargés de *prédigérer* le texte original afin de le reconstruire au gré de la syntaxe de la langue finale; soit avec des *réviseurs* humains, qui feraient après coup la même opération sur les *crude translations,* ou traductions brutes, obtenues [24]. D'une manière ou de l'autre, il paraît bien que cette école aboutisse à des impasses économiques : elle n'a pas profité, semble-t-il, de son avance; on n'a pas appris qu'elle ait mis en route, après l'expérience de 1954, un programme de

---

[24] Voir l'article clair et pittoresque de Th. De Galiana : *Oui, la Machine peut remplacer les Traducteurs,* dans *Les Nouvelles littéraires,* N⁰ 1 492, du 5 avril 1956. Le numéro de *Babel* (octobre 1956) contient aussi, en anglais, une description très précise et très claire du fonctionnement d'une M.T. (*Machine Translation of Languages : Fourteen Essays*), pp. 137-138.

production de masse. La seconde école, celle des Anglais et des Russes, essaie d'obtenir des produits plus élaborés, dont la révision par l'homme soit moins coûteuse et moins longue. Elle doit, pour y parvenir, équiper la machine avec un programme de travail plus complexe : chaque opération particulière de traduction (distinction du féminin, du pluriel, du temps, de la personne, etc.) pour être exécutée correctement doit être accueillie par une opération spécifique, et déterminée d'avance, de la M. T. L'option pour l'une ou l'autre école implique un choix fondamental investissant de gros crédits d'argent, de temps et de chercheurs.

D'autres problèmes suivent celui du choix initial. Il ne semble pas qu'il y en ait d'ordre technique, liés aux limites des calculateurs électroniques actuels : ceux-ci peuvent déjà travailler avec un nombre d'unités de mémoire (c'est-à-dire d'*acceptations*, quand il s'agit de M. T.), qui dépasse la dizaine de mille. Mais il est des difficultés d'ordre linguistique. Tous les chercheurs déplorent l'état dans lequel ils ont trouvé la science du langage. Notre tâche, dit Ingve, « sera longue et difficile parce qu'on ne sait pas encore assez de choses aujourd'hui sur les langues, et sur la façon dont nous traduisons ». Silvio Ceccato dit qu'un des principaux obstacles à ses recherches a été « l'absence d'une description des activités mentales dont le langage est l'expression ». L'Ecole opérationnelle italienne s'est d'ailleurs fixé l'objectif ambitieux de résoudre ce problème : au lieu de s'appuyer sur une description pragmatiste du langage comme objet donné — ce qui est la démarche anglaise — Ceccato tente de fonder le fonctionnement de son robot sur l'analyse préalable du langage comme activité mentale. Il part d'une théorie des *corrélations* selon laquelle « tout ce que nous sommes ou comprenons, nous le sommes ou nous

le comprenons en relation avec quelque chose d'autre;
donc si nous n'avons pas de réalité à moins d'être en relation avec quelque chose d'autre, ce quelque chose d'autre
n'a pas la réalité à moins d'être en relation avec nous-
mêmes ou avec autre chose. Si c'est la relation qui confère
une réalité aux choses, la corrélation est une catégorie
d'importance exceptionnelle ». Malgré son originalité radicale, on peut redouter que la tentative italienne aille à
l'échec : elle paraît basée sur des postulats implicites qui
risquent de se révéler inadéquats. Si la notion de corrélations mentales est une vérité de la Palice (qui peut être
exploitée fructueusement d'ailleurs), il ne s'ensuit pas que
le recensement de toutes ces corrélations soit possible,
d'abord; ensuite, il est loin d'être sûr que toutes ces
corrélations soient logiques, ou tout au moins traduisibles
en opérations distinctes de la machine; enfin, la thèse
implique que les corrélations de l'activité mentale sont *ipso
facto* celles du langage (c'est peut-être une forme moderne
de la vieille utopie : la grammaire logique). Au mieux, la
machine italienne est menacée de confondre à chaque
instant des opérations mentales avec des automatismes de
langage, qui symbolisent une opération mentale mais n'en
décrivent pas la forme, ni la formation. Lisant les exposés
sur cette expérience, on craint que Ceccato n'ait pas vu que
le langage est un ensemble de *signes,* et que cet ensemble a,
dans chaque langue, une longue histoire (laquelle a souvent
éloigné l'expression linguistique de l'opération mentale
qu'elle signale). Soigneusement analysé, l'échec italien, s'il
se vérifiait — ce n'est qu'une hypothèse — serait d'ailleurs
extrêmement riche d'enseignements [25].

[25] V. *Civiltà delle macchine,* nos 1 et 2, 1957 : La grammatica
insegnata alle macchine, pp. 46-51 et pp. 42-47.

La véritable difficulté théorique, même dans le cadre de l'expérience anglaise, modeste et pratique en ses objectifs, est celle-ci, qui se rapporte au langage exclusivement; la traduction par M.T. n'est totalement possible, sur un texte quelconque, que si tous les mots d'une langue peuvent être classés grammaticalement par catégories, et si toutes ces catégories, grammaticales et syntaxiques, peuvent être recensées complètement (ce problème des dénombrements parfaits, qui n'est pas un impératif en matière de recherche linguistique ordinaire, en est un pour les M.T., lesquelles ne peuvent travailler que sur des ensembles finis, et complets). Cette double hypothèse sur les langages est loin d'être véri-fiée; toutes nos grammaires, même les plus savantes, mas-quent encore, par souci rationaliste ou pédagogique, l'in-classabilité de bien des *signaux* linguistiques de nos pensées.

Mais cette difficulté théorique est peut-être destinée à demeurer difficulté théorique, sans empêcher la création ni le fonctionnement de M.T. relativement imparfaites, débi-tant des traductions très satisfaisantes en pratique après révision. Le gros obstacle à l'avènement de vraies M.T. rentables à l'échelle industrielle est un problème écono-mique. Il est parfaitement aperçu, chose curieuse, par le plus littéraire et le moins technicien de ceux qui s'occupent de la question, Cary. Les machines actuelles pourraient lire à la limite 1 800 000 caractères *à la minute*; mais pour alimenter cette lecture, en cartes perforées, chaque machine exigerait 12 000 dactylo-perforeuses (humaines), dont cha-cune arrive à perforer 10 000 caractères *à l'heure*. A l'autre bout de la machine, il faudrait sans doute aussi 10 à 20 000 *réviseurs* (humains) (sans compter peut-être autant de dactylos). Même si l'on remplace les cartes perforées par un ruban de magnétophone, il faudra des *dicteuses*; et c'est donc une ville de 50 à 100 000 habitants qui devrait vivre sur la production d'une seule M.T.

Telles sont les perspectives, à partir des données actuelles. La seule conclusion catégorique des chercheurs — et c'est probablement celle à laquelle on s'attendait le moins, pour laquelle on s'apprêtait le plus à livrer bataille [26] — est celle-ci : la M.T. ne pourra jamais traduire la poésie, ni la littérature. C'est l'opinion de Cary, qu'on pourrait croire une opinion prévenue; mais c'est aussi celle d'Ingve : « Dans la mesure où la traduction, dit-il, est un art, exigeant du traducteur l'exercice de ses plus hautes capacités créatrices, les engins mécaniques seront probablement d'un faible secours... Ce type de traduction doit toujours être laissé à l'être humain. » Brandwood insiste, de son côté, pour disculper ses traductions « de toute prétention littéraire ».

Toutes autres conclusions risquent d'être du domaine de la science-fiction. Ce qui n'empêche pas d'en proposer. Rónai se demande, et ce n'est pas ridicule, si l'existence de telles machines à l'échelle industrielle n'aurait pas de grandes répercussions sur les langages : le désir d'être *moto-traduit* pourrait mener beaucoup d'auteurs à *écrire pour la machine*, à éliminer de leur langage tout ce que la M.T. serait notoirement inapte à bien rendre, les idiotismes, les néologismes, les bonheurs d'expression, les nuances, etc. Les hommes finiraient par travailler pour la machine, au lieu que la machine travaille pour les hommes.

---

[26] Voir Aurélien Sauvageot : *La Machine à traduire* (*Vie et Langage,* no 37, avril 1955) et Félix de Grand'Combe : *La Machine à traduire* (*Vie et Langage,* no 45, décembre 1955); petits articles écrits après la publicité faite à la première M.T. américaine — mais avant l'expérience anglaise, qui lève des objections jugées fondamentales par A. Sauvageot et F. de Grand'Combe.

On finirait par parler comme les M.T. parce que les M.T. ne pourraient pas penser comme nous. (Le *franglish* qu'on parle et qu'on écrit à l'*ONU* et à l'*UNESCO*, et dans les agences de presse internationales, prouve qu'un tel péril, si péril il y a, n'est pas exclu, loin de là. C'est d'ailleurs un phénomène linguistique capital, qu'il serait bien plus intéressant de faire étudier de près que les éternels sujets de diplômes d'études supérieures sur la fréquence de l'imparfait du subjonctif chez Théophile Gautier).

Une autre « fiction » se présente invinciblement à l'esprit (tout au moins s'est invinciblement présentée au mien), quand on étudie minutieusement l'histoire de la M.T. Ce n'est pas impossible que les problèmes, les difficultés, les impasses de la traduction électronique ramènent l'attention des chercheurs qualifiés sur la question de la langue auxiliaire internationale. On peut affirmer que ce problème n'a jamais été *scientifiquement* étudié [27]. Les discussions sur l'espéranto — parce que l'Espérantisme est une Eglise — ont toujours eu quelque chose de purement polémique, de sectaire. Les discussions sur telle ou telle langue nationale vivante proposée comme langue auxiliaire ont toujours été viciées par les questions d'intérêt, de prestige. Les discussions sur le latin comme langue internationale sont une utopie réactionnaire d'arrière-garde. Le projet du *monde bilingue* était politiquement avorté dès son principe, et dépourvu de toute qualification scientifique. Un problème capital a donc toujours été rejeté dans l'ombre, à cause de l'imperfection même des solutions qu'on proposait. Les équipes scientifiques attelées aux M.T. sont sans doute

---

[27] V. sur ce point A. Martinet, *Actes du VIe Congrès des Linguistes,* question D, Interlinguistique, Rapport préliminaire, Paris, 1949, pp. 93-112.

vouées à reprendre un jour à la base, objectivement, la question d'une langue auxiliaire internationale artificielle. Elle aurait l'avantage économique d'être une langue sans idiotismes, et sans exceptions, ce qui simplifierait l'établissement des programmes des M.T., aussi bien que la perforation, puis la révision des textes. En outre, si chaque nation traduisait sa production scientifique et technique explorable dans cette langue auxiliaire, les langues appliquant cette règle deviendraient *des vases communicants qui posséderaient tous une branche commune* : chaque pays n'aurait donc plus besoin que d'une ou deux M.T. (langue artificielle-langue nationale, et peut-être langue nationale-langue artificielle), alors qu'un des problèmes économiques sérieux dans la perspective actuelle, c'est la nécessité d'autant de machines, pour un pays donné, qu'il existe d'autres pays dont la production scientifique et technique est à surveiller (russe, anglais, chinois, français, allemand, italien, hindoustani, japonais, danois, espagnol, arabe, pour le moins). Je n'ai jamais été fanatique d'une langue auxiliaire internationale artificielle, et je ne suis plus depuis longtemps utopiste en aucun domaine; toutefois, si je devais correspondre avec un Chinois sur des questions d'esthétique, je lui télégraphierais : « Apprenez l'espéranto ». Un mois après, nous pourrions commencer nos échanges, en attendant que les problèmes de M.T. soient résolus. La langue auxiliaire internationale artificielle, depuis trop longtemps problème académique ou dada d'illuminés, va peut-être devenir un problème scientifique immédiat, obligatoire; et devenir une solution rentable au niveau de la recherche, et de l'échange des recherches où nous sommes arrivés.

Comme on voit, la traduction n'a pas fini de faire couler de l'encre. Il faut même souhaiter, sur bien des points, que cette situation dure longtemps. [28]

[28] Cet article a été publié dans la revue *Critique*, nº 127, décembre 1957, pp. 1052-1071.

LE TRADUCTEUR
ENTRE LES MOTS ET LES CHOSES
(1962)

Aujourd'hui, la traduction prend une place considérable, et l'on en vient parfois à tenir le traducteur pour un employé de bureau presque aussi nécessaire que la sténographe. Le plus souvent on se borne à étudier les langues étrangères au collège, et ceci depuis le XVIe siècle, au moins en Europe, si bien que l'on ne conçoit guère d'apprendre vraiment les langues étrangères d'autre manière. Toute autre méthode semble incomplète, et digne tout au plus de former des amateurs, ou des traducteurs approximatifs : on s'en contente faute de mieux. L'idéal reste d'apprendre les langues étrangères à l'école. Les fameux séjours à l'étranger qu'on recommande aux étudiants sont présentés comme un complément facultatif, pour acquérir une bonne prononciation (mais il y a les disques et la radio).

Cette optique était liée au développement de l'enseignement par l'école en Europe moderne; elle a cependant déformé l'idée que nous nous faisons de l'opération qui consiste à traduire. Puisque ce qu'on apprend dans une école, c'est *la langue* étrangère, si l'on demande aux gens quelle est la condition nécessaire et suffisante pour être bon traducteur, ils répondront qu'il faut connaître aussi parfaitement que possible *la langue* qu'on veut traduire. Les plus avertis ajouteront qu'il faut connaître encore mieux *la langue* dans laquelle on veut traduire.

Ce développement savant de l'étude des *langues* a fait perdre en cours de route une vieille idée de la traduction, qui, jusqu'à la Renaissance, était vigoureusement affirmée : pour traduire, il ne suffit pas de connaître les mots, il faut connaître les choses dont parle le texte à traduire. Vieille idée de Cicéron, quand il opposait la traduction du sens à la traduction des mots; vieille idée d'Etienne Dolet, quand il faisait de la connaissance du *sens et matière* du texte la condition première de toute bonne traduction; vieille idée des interprètes, affirmant que pour interpréter les interventions russes dans un congrès de chimie organique, par exemple, il est important de savoir le russe, mais plus encore la chimie organique.

Cette vieille idée bouleverse les images routinières qu'on se fait de la traduction. Elle souligne que « comprendre le latin » signifie deux choses très différentes; par exemple : connaître les mots latins, la grammaire latine, mais connaître aussi les réalités de la vie latine très différentes de notre réalité actuelle, à laquelle ces mots nous renvoient. Pour traduire un texte écrit dans une langue étrangère, ce sont deux conditions, non pas une, qu'il faut remplir. Deux conditions nécessaires, dont aucune en soi n'est suffisante : connaître la langue, et connaître la civilisation dont parle cette langue (et ceci veut dire : la vie, la culture, l'ethnographie la plus complète du peuple dont cette langue est le moyen d'expression). Pour bien traduire une langue, il ne suffit pas d'étudier cette langue. Il faut étudier, non pas complémentairement, mais fondamentalement, non pas au hasard des lectures, mais systématiquement, la culture qui lui correspond. Les séjours à l'étranger, par exemple, ne sont pas un petit supplément facultatif au bagage du bon traducteur, *ils sont la moitié de son savoir.*

Cette affirmation, qui semblera paradoxale — que la connaissance linguistique aussi parfaite soit-elle ne suffit pas pour bien traduire — on peut la vérifier presque expérimentalement, d'une manière non moins paradoxale.

En 1653, Bryan Walton, théologien de Cambridge, édita la *Biblia Sacra Polyglotta* : en hébreu, chaldéen, grec, samaritain, syriaque, arabe, éthiopien, persan, latin. Le premier tome contient une *Triple Description* latine du temple de Salomon, fondée sur l'Ecriture, sur Josèphe et sur le Talmud. L'auteur, théologien de Saumur, a confronté les trois textes, analysé chaque indication de forme, place ou mesure relative au temple, afin de reconstituer l'image du monument. Ce professeur d'hébreu savait presque autant d'hébreu, de grec et de latin qu'on en sait aujourd'hui, lisait assez correctement les textes. Pourtant, lorsque ses quarante pages de commentaire sont soumises à l'illustrateur du volume (sûrement sous la direction de Walton lui-même), il naît *de la seule lecture des mots du texte*, une image étonnante : le temple de Salomon, soigneusement dessiné d'après cette étude en trois langues, ressemble à n'importe quelle bâtisse anglaise ou française en 1650. Un je ne sais quoi d'époque fait qu'on pense à la cathédrale Saint-Paul à Londres, à la place des Vosges, à Paris. Que s'est-il passé ? Les traducteurs ont bien traduit, correctement lu les mots du texte. S'ils voient un édifice quasi Louis-quatorzien là où nous imaginons une architecture phénicienne ou babylonienne, c'est que nous connaissons les choses là où ils ne connaissent que les mots. Nous savons sans doute lire un peu mieux l'hébreu que Walton; mais surtout nous connaissons toute l'archéologie et l'ethnographie proto-historiques de l'Asie Mineure, qu'ils ignoraient. Morceau par morceau, nous avons retrouvé les choses auxquelles renvoyaient les mots qui, pourtant, bien traduits généralement, ne permettaient pas à Bryan Walton de *voir* le temple de Jérusalem.

L'idée d'utiliser les illustrateurs d'un texte pour vérifier la part des connaissances linguistiques et la part des connaissances ethnographiques ou culturelles qu'il faut pour traduire, cette idée se justifie parce que, s'agissant d'une description, *l'illustration est une véritable retraduction des mots du texte*. Si l'illustrateur ne connaît pas directement la chose décrite, il ne traduit que ce qu'apporte la connaissance linguistique; par différence, on mesure ce qu'apporte la connaissance culturelle des choses elles-mêmes.

Par exemple, on sait, par la paléontologie, qu'il a existé en Patagonie des édentés de grande taille, comme le *mégathérium* qui, dressé sur ses pattes de derrière, était plus grand qu'un éléphant. Longtemps on a cru que ces espèces de *paresseux* géants étaient fossiles. Des découvertes successives d'ossements frais, de peaux récentes, d'excréments récents aussi, d'une part; des légendes araucanes ou patagones mentionnant l'existence récente d'un animal fouisseur inoffensif, mais invulnérable, une affreuse bête velue d'aspect effrayant, d'autre part, ont conduit à penser qu'une espèce de *mégathérium,* loin d'être éteinte depuis le Tertiaire, a peut-être survécu presque jusqu'à nos jours. On a donc cherché s'il y avait des traces de son existence dans les récits des premiers voyageurs du xvie siècle. On a trouvé les *Singularités de la France antarctique* (1558) du père Thévet. Sous le nom de *succarath,* cet ouvrage décrit, de façon remarquable, une bête qu'un détail permet d'identifier, à coup sûr, avec un *paresseux* géant fossile, le *mylodonte,* par exemple, proche parent du *mégathérium,* et pourvu d'une longue queue. Cet animal, en effet, dit le père Thévet, quand il est poursuivi, prend ses petits sur son dos, les couvrant de sa queue grosse et longue.

Comme il juge la bête « faite de façon fort étrange », l'explorateur a décidé d'en donner, dans son ouvrage, une reproduction dessinée; c'est là que l'histoire intéresse un traducteur. Bernard Heuvelmans, à qui nous empruntons tous ces détails [1], écrit : « L'image naïve qui accompagne ce texte représente une sorte de lion, très amaigri, muni d'une queue en panache de tamanoir, et d'une tête grotesque, qui n'est pas sans rappeler un homme barbu. Sur son dos se pressent, pour le moins, quatre à cinq petits. Il est plus que probable que ce dessin a été effectué, non par un témoin direct, mais d'après la description verbale d'un tiers, comme cela se pratiquait habituellement à cette époque. C'est ce qui explique les fréquentes déformations subies, dans les illustrations, par les animaux qui semblent pourtant décrits de manière correcte dans le texte... » Nous avons là une expérience parlante de ce que donne la *traduction des mots* sans la *traduction des choses.* L'illustrateur a traduit littéralement ce que signifiaient pour lui (qui n'avait pas vu la bête), les mots, et les mots seulement, du père Thévet. La différence entre sa gravure et la reconstitution du *mégathérium* (faite par un dessinateur du XXᵉ siècle, aidé de toutes nos connaissances actuelles en zoologie et en paléontologie) mesure la différence entre connaissance linguistique

---

[1] Heuvelmans B. : *Sur la piste des bêtes ignorées,* tome II, pp. 3-53. Paris : Plon, éditeur, 1955.

(des mots sans les choses) et connaissance culturelle (des mots et des choses auxquelles ils renvoient).

Cette façon de voir la traduction comme une opération double (où l'acquisition de la signification de certains mots *par le moyen d'autres mots* ne suffit pas), rend compte de la légitimité d'une autre démonstration paradoxale. Si l'on nous dit, à brûle-pourpoint, que les dragons en briques émaillées (appelés *sirrouchim*) du portail d'Isthar, à Babylone, sont très probablement des *espèces de dinosaures,* et non des monstres imaginaires, « assemblages hétéroclites de membres empruntés à quatre ou cinq créatures différentes », nous croirons avoir affaire à quelque invention journalistique.

Il n'en est pourtant rien. Le célèbre « quadrupède écailleux, aux pattes antérieures de lion, aux pattes postérieures d'aigle, avec, par surcroît, une tête de serpent portée par un long cou, [...], une langue fourchue, et, sur le dessus de sa tête [...] une haute corne, divers ornements charnus et même une courte crinière de cheval », doit être la représentation d'un animal ayant existé. Si l'on avait dégagé le portique d'Isthar en 1802 et non pas en 1902, dit le zoologiste Willie Ley, le dragon babylonien aurait passé pour un animal mythologique; mais au cours du XIXe siècle on a découvert l'immense famille fossile des dinosaures, dont un groupe particulier, les *ornithopodes*, ont des pattes postérieures d'oiseau, comme le dragon d'Isthar.

L'archéologue Koldewey, dès 1918, admet que si l'on rencontrait dans la nature un être approchant de ce dragon, sa place serait dans l'ordre des dinosaures, et que l'iguanodon du Crétacé de Belgique serait son plus proche parent[2]. Koldewey n'est pas allé plus loin. Mais Willie Ley

---

[2] Voir Heuvelmans, *ouvrage cité,* pp. 278-291.

a trouvé l'explication la plus plausible jusqu'ici de la présence de cette espèce d'iguanodon, de *cératosaure*, sur les murs de Babylone : il s'agirait d'un monstre, pouvant atteindre une dizaine de mètres, dont l'existence est encore attestée, aujourd'hui, partout sur le pourtour du bassin du Congo. Heuvelmans a, ici aussi, minutieusement fourni la suite quasi expérimentale des opérations de « traduction » par lesquelles un reptile rare d'Afrique est devenu le *sirrouch* babylonien : les artistes de la porte d'Ishtar ont reconstitué le dragon grâce au récit des voyageurs qui l'avaient vu (les voyages babyloniens au cœur de l'Afrique sont attestés).

C'est une description *linguistique* qui fournit le modèle, et sert de base à la stylisation qui donnera le monstre : « Si vous doutez de la légitimité de ce rapprochement, dit Heuvelmans, je vous propose l'expérience suivante. Demandez à quelqu'un qui n'a jamais vu une reconstitution de dinosaure, un enfant par exemple, de vous dessiner un animal répondant au portrait, esquissé plus haut, du « dragon » congolais. Il y a beaucoup de chances pour que cette personne représente une créature qui ressemble, à s'y méprendre, au *sirrouch* du portail d'Isthar. En effet, elle dessinera d'abord un quadrupède ayant la silhouette d'une quelconque bête familière (cheval, chien, bœuf ou chat), et la munira, selon vos directives, d'une longue queue, ainsi que d'une tête et d'un cou de serpent. Lorsque vous aurez mentionné des pattes armées de griffes, elle dessinera sans doute des extrémités de lion ou de chat. Puis elle lui plantera sur la tête les ornements que vous lui dicterez : la petite corne et la crête de tentacules. Enfin, quand vous aurez précisé qu'il s'agit d'un reptile, elle recouvrira tout son corps d'écailles. Les pattes postérieures exceptées, cela fera un *sirrouch* fort satisfaisant. » L'analyse de Bernard

Heuvelmans nous fait comprendre par quelle série de « traductions » linguistiques puis graphiques une espèce de *cératosaure* est devenu le dragon babylonien. Elle justifie, lorsqu'on remonte en sens inverse cette même série, qu'on puisse considérer la bête babylonienne comme une présomption sur l'existence du *cératosaure* africain.

Les signes du langage ne se substituent pas totalement aux choses qu'ils désignent, ils renvoient à ces choses. Il faut que celui qui parle et celui qui écoute, ou bien l'auteur et le lecteur puissent faire en commun ce voyage de la chose au signe, et du signe à la chose, pour qu'ils puissent se comprendre. Tout le travail du traducteur à son point le plus élevé de difficulté, c'est justement d'essayer de donner à ses lecteurs une idée des choses inaccessibles dont parle un texte en langue étrangère, qui se réfère à une culture souvent étrangère, soit en partie, soit en totalité. Suggérer l'hiver et la neige à des populations équatoriales, expliquer la parabole du Bon Semeur à des populations des déserts du Nouveau-Mexique qui plantent et surveillent leurs graines une par une, ce sont là des opérations aussi savantes, aussi difficiles que de retrouver le *mégathérium* qui se cache sans doute derrière le *succarath* du Père Thévet, où le *cératosaure* qu'il y a très probablement derrière le *sirrouch* du portail d'Isthar.

Le traducteur ne doit pas se contenter d'être un bon linguiste il doit être un excellent ethnographe : ce qui revient à demander non seulement qu'il sache tout de la langue qu'il traduit, mais aussi tout du peuple qui se sert de cette langue. Alors il est un grand prestidigitateur, un magicien, le prêtre d'un *huitième art*. [8]

---

[8] Cet article a été publié dans *Le Courrier de l'UNESCO*, avril 1962, pp. 24-28.

L'INTRADUISIBILITE
COMME NOTION STATISTIQUE
(1694)

1. Après avoir été, pendant deux millénaires, étudié sur la base des expériences personnelles, toujours incomplètes, et des intuitions des traducteurs, toujours subjectives, le problème de l'intraduisibilité — comme beaucoup d'autres aujourd'hui — peut se voir abordé de manière objective, et même statistique, purement quantitative. Au lieu d'affirmer que tout est traduisible, ou que tout est vraiment intraduisible, on peut commencer à compter, méthodiquement, les faits d'intraduisibilité qu'on rencontre dans un *corpus donné*.

2. Dans l'esquisse qu'on présente ici, au lieu de traductions proprement dites, on a compté, dans des textes donnés de linguistique ou d'ethnologie, toutes les fois où l'auteur semble avoir capitulé devant un mot étranger à sa langue, puisqu'il utilise dans sa forme étrangère : ce qui est un indice objectif. Les faits ainsi relevés ont pu être classés en trois groupes :

Ou bien l'auteur cite un mot d'une langue étrangère, comme exemple, comme échantillon, comme référence, comme document — mais il l'accompagne de sa traduction.

Ou bien l'auteur cite le mot sans le traduire — mais il le glose par une explication qui prend souvent la forme d'une véritable définition.

Ou bien l'auteur cite le mot sans le traduire, ni l'expliquer, ni le définir. Il faut alors distinguer quatre sous-groupes :

— Tantôt le mot est un *emprunt* à une langue étrangère, déjà stabilisé par l'usage dans la langue du texte.

— Tantôt le contexte du mot constitue sa glose la plus explicite, ou au moins une glose suffisante (on devine, par exemple, que le mot étranger désigne un oiseau, un poisson, dans la phrase).

— Tantôt la citation relève de la pure coquetterie littéraire.

— Tantôt le mot est senti ou explicitement qualifié comme impossible à traduire.

Naturellement, il y aurait (il y aura) beaucoup d'autres façons d'étudier scientifiquement le problème de l'intraduisibilité. Par exemple, on pourra, dans une traduction donnée, relever tous les mots non traduits, et surtout les notes dont le traducteur les accompagne pour expliquer son impuissance à traduire complètement. On fait encore la part belle, ainsi, à la subjectivité du traducteur : c'est quand même un indice minimum. A l'autre extrémité, on pourra prendre dix traductions d'une même page, et relever tous les désaccords et tous les accords entre traducteurs. Le pourcentage d'accords mesurerait la traduisibilité minimale du texte; le pourcentage des désaccords, l'indice maximal, en théorie, d'intraduisibilité de ce texte (mais il resterait à éliminer les désaccords nés de fautes évidentes de traduction). Les comptages qu'on cite ici n'ont d'autre ambition que d'attirer l'attention sur cette idée : qu'on peut objectivement cerner la notion d'intraduisibilité.

3. Le premier des exemples linguistiques est l'article de Harold Basilius, *Neo-Humboldtian linguistics* (*Word,* vol. 8, N° 2, pp. 95-105). Il s'agit d'un texte de 11 pages, environ 7 000 mots. Dans ce corpus, étudiant une pensée germanique, il cite dix mots ou expressions en langue étrangère — exception faite des exemples proprement linguistiques. Il les explique ou les traduit tous (*ergon, energeia, die sprachliche Mittelwelt, Zwischenwelt, Glied, sich ergliedern, sich ausgliedern*), excepté *Gedankengang,* qui lui paraît spécifiquement allemand et *Kleinarbeit,* qu'il juge sans doute connu de son public de linguistes, et qu'il utilise pour son expressivité. Tous comptes faits, sur le thème difficile de la pensée de Humboldt (dont Max Müller lui-même disait qu'elle donnait l'impression d'une mer de nuages) Basilius réussit à s'exprimer en anglais à 99,8 %.

4. Le second exemple linguistique est le livre d'Uriel Weinreich, *Languages in Contact :* 122 pages, environ 60 000 mots. Pour exprimer sa propre pensée, l'auteur recourt 27 fois à des mots étrangers — pour lesquels notre hypothèse de départ (la plus large), c'est que lui-même ou bien la langue anglaise ne peuvent ou ne veulent pas les traduire, puisqu'ils les utilisent tels quels. En fait, il s'agit de 6 mots ou groupes de mots latins (type : *a priori*), tous en italiques, tous des *emprunts*; de 12 mots allemands, accompagnés de leur traduction; de 9 mots français, dont 4 écrits en romain (calques, élans, argot, jargon) qui sont des emprunts, sauf peut-être *élans*), 3 en italique (*par excellence, en masse, idée-force*) qui sont des emprunts à la mode en américain, comme *raison d'être,* qu'on rencontre

si souvent) et deux mots entre guillemets : (« prestige »,
bien que le mot soit dans les dictionnaires anglais et « anti-
prestige », que l'auteur présente ainsi comme un néolo-
gisme). En mettant les choses au pire, l'auteur a pu
exprimer sa pensée en anglais à 999,5 ‰.

5. Quand il s'agit d'ouvrages ethnographiques, il semble
que l'exploration soit plus intéressante encore : il s'agit là,
toujours, d'un effort pour transmettre à une civilisation
donnée (l'européenne par exemple), le contenu d'une autre
civilisation, par définition très éloignée de la première
puisqu'on juge nécessaire d'en donner, justement, la description ethnographique.

Prenons le cas d'un Hopi, Don Talayesva, qui, dans
Soleil Hopi, décrit sa propre civilisation en anglais. Son
livre, de 350 pages, représente environ 100 000 mots.
L'auteur recourt 63 fois à des mots étrangers pour rendre
sa pensée : dans 31 cas le mot hopi est accompagné de sa
traduction; dans 17 cas, de sa définition; dans 1 cas, le
contexte est explicite. En outre, il utilise une dizaine de
termes anglais courants (ou plutôt : son traducteur en
français les y laisse), et 4 termes espagnols. Même si l'on
considère le fait de recourir 63 fois à un terme étranger
comme indice d'intraduisibilité totale probable, Don Talayesva décrit la civilisation hopi, en anglais, à 999,5 ‰.

6. Jean Malaurie, dans les *Derniers rois de Thulé*, qui
décrit la civilisation des Esquimaux d'Angmassalik, pour
un texte de 140 000 mots, recourt 266 fois à des termes
étrangers. Soit : 196 mots eskimo avec leur traduction,
42 non traduits parce que le contexte est explicite,
18 accompagnés de leur définition. Une dizaine de mots
européens, dont cinq anglais (*inlandsis, jerrycan*, etc.) s'y
ajoutent. Calculer le coefficient d'obstacles à la transmission

de la civilisation eskimo en français, dans ce texte, n'a guère de sens, au-dessous du 1/1 000.

7. L'exemple de Lévi-Strauss, dans *Tristes Tropiques* (450 pages, 190 000 mots), donne des résultats analogues : quelque trois cents termes étrangers, latins, italiens, portugais, anglais, nambikwara, etc., dont les deux tiers sont escortés de leur traduction, la moitié du reste éclaircis par le contexte ou la définition; le reste, à juste titre, est supposé connu du lecteur français, comme emprunts passés dans la langue (*drug store, favellas, corn-belt, fazenda, placer,* etc.); ou bien cité non traduit par goût de la couleur locale, et situé vaguement, mais suffisamment, par le contexte (nom de plante, nom d'animal, de poisson, etc.).

8. Il ne s'agit pas de faire dire à ces chiffres autre chose, ni plus, qu'ils ne veulent dire. Ils ne signifient pas que la fraction d'intraduisible dans un texte est toujours faible, et tellement faible qu'elle est négligeable. Ils veulent seulement souligner le fait que cette fraction d'intraduisible est sans doute très souvent mesurable; et qu'on peut donc instructivement chiffrer le pourcentage d'échecs de la communication par traduction, variable selon les paires de langues, selon les textes, et selon les traducteurs. En outre, au lieu de diluer la notion d'intraduisibilité sur tout un texte (comme un fantôme d'autant plus invincible qu'il est insaisissable), on l'isole, on la voit telle qu'elle est dans les faits. Lorsque Jean Malaurie cite cette expression eskimo : « *Pissortout inouit* », il la commente ainsi : « Mot de situation, fréquemment utilisé et difficile à traduire : *nous autres Esquimaux, ne sommes-nous pas des hommes ?*; ou bien : *Pour un Esquimau, évidemment, c'est facile.* Le sens se modifie selon le contexte. » (p. 38) Et Lévi-Strauss note (une seule fois dans son livre) : « *Encrenca :* substantif intraduisible

qui exprime le fait d'être *coincé*. » [1] (p. 350) Aucun chiffre n'aura le pouvoir de minimiser ces faits en eux-mêmes, peut-être intraduisibles à 100 %, mais eux seuls. Ce sont eux qu'il faut compter, classer, discuter, par paires de langues. L'intraduisibilité ne doit pas être un mystère, ni un épouvantail : c'est une notion statistique. [2]

---

[1] « S'incrinquer », « être incrinqué » existent encore en picard ouest pour signifier, soit d'un oiseau, soit d'un chat, soit d'un enfant, qu'il est allé grimper dans un endroit très difficile d'accès.

[2] Ce texte a été publié dans la revue *Babel*, n° 3, 1964, pp. 122-124.

II. LINGUISTIQUE ET TRADUCTION

COMMUNICATION LINGUISTIQUE
ET TRADUCTION
(1973)

Il est certainement désagréable de constater que tous les hommes ne parlent pas la même langue sur la terre. La Bible, dans la légende de la tour de Babel, nous dit que c'est un châtiment. Pour s'en consoler, les hommes ont pendant longtemps imaginé qu'à l'origine cette situation n'existait pas, et on a cherché longtemps la langue mère de toutes les autres; pour les juifs et les chrétiens, c'était l'hébreu; pour les musulmans : l'arabe; pour d'autres : le grec, ou le celte, etc. Les démonstrations, fondées sur des étymologies fantaisistes, étaient toutes plus invraisemblables les unes que les autres.

La science linguistique du XIXᵉ siècle n'a pas totalement renoncé à résoudre le vieux problème posé par les mythologies et les religions. Jusque vers 1900, et même plus tard, des savants ont essayé de défendre l'hypothèse de la monogenèse du langage : le langage, l'instrument le plus prodigieux, celui qui différencie l'espèce humaine de toutes les autres espèces animales, n'aurait-il pas été inventé qu'une fois, par un seul groupe, qui l'aurait transmis sans interruption ? Aujourd'hui, la science semble avoir totalement abandonné, comme insolubles, le problème de l'origine historique du langage, et celui de la monogenèse. On remarquera que, quoi qu'il en soit, la situation reste la même pour nous : même si les hommes ont, dans la nuit des temps, parlé tous la même langue, aujourd'hui ils sont enfermés dans des langues différentes, qui les empêchent de communiquer facilement entre eux.

L'étude des langues nous montre d'ailleurs que, du fait qu'elles sont parlées par une communauté d'hommes, les langues sont tiraillées entre deux grandes tendances : la divergence et la convergence. La divergence fait que chaque groupe social ou professionnel, à l'intérieur d'une même langue, tend à développer une façon de parler que les autres groupes comprennent mal, et peu : nous suivons difficilement une conversation entre maquignons, ou entre chirurgiens, ou physiciens. Quelquefois c'est l'isolement géographique, le manque de relations qui jouent : c'est ainsi que, jusqu'au milieu du XIXe siècle et au-delà, des villages français distants de quelques kilomètres pouvaient avoir des patois très sensiblement différents. C'est par ce phénomène de divergence que le même latin est devenu selon les endroits l'italien, le français, l'espagnol, le portugais, le roumain. A l'opposé, tout ce qui rapproche, qui relie, qui fait communiquer les hommes, unifie leur langage : c'est ainsi que les mathématiciens et physiciens du monde entier, quand ils veulent parler de leur discipline, disposent d'un vaste stock de mots et d'expressions internationaux. Et rien n'empêche de penser que l'intensification des relations que nous constatons aujourd'hui peut faire naître par convergence une langue quasi universelle de relation.

Mais en attendant ce moment hypothétique et peut-être utopique il faut traduire, si l'on veut se comprendre.

Qu'est-ce qui rend la traduction si difficile? Remarquons que, pour les bilingues qui ont appris ensemble, sur place, deux langues à la fois, par la pratique quotidienne, la traduction ne pose pas de problèmes. C'est qu'ils ont établi directement les liens entre les mots et les choses dont parlent les mots, sur le tas. La traduction n'est difficile que lorsqu'on a appris une langue autrement qu'en la pratiquant directement en situation de communication : si l'on travaille sur les deux langues, sur les mots, sur les phrases hors situation.

D'où vient cette difficulté mieux cernée ainsi ? Du fait que les langues ne sont pas des listes de mots qui correspondraient à des réalités toujours les mêmes et données d'avance. La traduction serait facile si c'était le cas : on pourrait toujours traduire mot à mot. Mais on trouve rarement plus d'une phrase par page comme celle-ci, même dans les langues dont les civilisations sont aussi voisines que l'anglais et le français : " This triple function of a chemical sign is well illustrated by the alarm substance of the ant. " (« Cette triple fonction d'un signe chimique est bien illustrée par la substance d'alarme de la fourmi. ») La linguistique formule cette observation en disant que les langues ne sont pas des calques universels d'une réalité universelle, mais que chaque langue correspond à une organisation particulière des données de l'expérience humaine — que chaque langue découpe l'expérience non linguistique à sa manière. Là où l'anglais dit : *to run out*, le français dit : *sortir en courant*; c'est peut-être la même chose, mais vue (arbitrairement) d'une autre manière. Là où le français dit : *prendre un bain*, l'italien dit : *fare il bagno*; comparez aussi *of course* avec *naturellement,* etc.

On sait depuis longtemps tout cela, mais l'erreur était de croire qu'il s'agissait là d'exceptions relativement rares qu'on appelait des idiotismes. Dans le passage d'une langue à une autre, en fait, tout n'est presque toujours qu'idiotismes. Ceci explique que le passage d'une langue à une autre dans la traduction n'est pas un passage immédiat d'un mot (*bagno*) à un autre mot (*bain*). Il faut chaque fois repasser par le découpage de la réalité propre à chaque langue. Ceci explique aussi qu'apprendre une langue signifie deux choses : apprendre la structure et les mots de cette langue, mais aussi apprendre la relation qu'il y a entre structures et mots et la réalité non linguistique, la civilisation, la culture de cette langue, ce qui est tout autre chose. De là viennent les difficultés dues à l'apprentissage de la langue sans l'apprentissage corrélatif des situations dans lesquelles sont utilisés les mots et les structures de cette langue. Contrairement à l'opinion de beaucoup, apprendre une langue étrangère autrement que sur place est une entreprise longue et difficile. La méthode directe, la méthode active, les méthodes audio-visuelles, les séjours à l'étranger sont autant de procédures qui cherchent à enseigner, en même temps que la langue, les découpages particuliers de la réalité qui sont propres à cette langue. [1]

---

[1] Ce texte a été publié sous la forme de l'article Traduction de *La Nouvelle Encyclopédie du Livre d'Or,* par les Editions des Deux Coqs d'Or, que nous remercions de nous avoir autorisé à publier le texte ici.

LINGUISTIQUE ET TRADUCTION
(1967)

Il y a longtemps qu'on s'est intéressé à l'opération qui consiste à faire passer d'une langue dans une autre le sens d'un texte, y compris le plus souvent la qualité littéraire dont ce sens est revêtu dans ce texte. De Cicéron jusqu'à Gide, la masse des ouvrages, articles, préfaces, etc., qui se présentent comme un art de traduire, emplirait une bibliothèque de taille raisonnable. Mais, jusqu'à ces derniers temps, la linguistique en tant que telle en était pratiquement absente. Aucun des linguistes qui sont à l'origine des tendances actuelles de notre discipline n'a consacré la moindre place à l'examen de cette opération pourtant linguistique, et qui s'est révélée difficilement saisissable dès qu'on a voulu la soumettre à l'analyse fine, aussi bien dans ses succès que dans ses échecs.

C'est la littérature comparée qui, dans la répartition traditionnelle des disciplines universitaires, s'occupait jusqu'ici des problèmes posés par la traduction mais presque uniquement pour décrire la façon dont un siècle, une école, avaient conçu cette activité dans ses rapports avec la littérature. Dans le domaine des langues vivantes, la traduction figure toujours comme une épreuve de travaux pratiques, de nature généralement littéraire aussi, plutôt que linguistique. Pour le reste, selon les besoins et les occasions, la traduction comme problème éventuellement scientifique préoccupait les *Sociétés bibliques*, et surtout l'*American Bible Society*, où s'est sans doute réalisée la première rencontre entre linguistique moderne et traduction, hors du monde socialiste; elle préoccupait aussi les quelques dizaines d'écoles d'interprètes qui se sont développées entre les deux guerres mondiales, mais dont l'enseignement foncièrement pratique n'a longtemps fait surgir aucun traité proprement scientifique. De leur côté, des ethnologues et des anthropologues, anglais ou américains, dont le plus notoire est Malinovsky, se trouvaient conduits, par leurs analyses sur les contenus des cultures, à prêter une attention véritablement théorique à l'opération de traduction.

La situation qu'on vient de décrire à changé dans les quinze dernières années. D'une part la linguistique, souvent découverte et présentée comme une discipline pilote dans les sciences sociales, a bénéficié d'une audience sinon d'une diffusion plus large. D'autre part, des besoins précis ont suscité des travaux qui dépassaient le niveau des réflexions empiriques sur un artisanat d'art, ce qui était le statut traditionnel de la traduction. Si l'Anglais Theodor Savory, qui est un naturaliste et cherche à rationaliser l'empirisme des traducteurs, reste un essayiste en la matière, son compatriote Richens, un botaniste, a produit pour le Bureau de Génétique des Plantes du Commonwealth la première théorie d'un dictionnaire automatique qui sépare les racines des désinences. Edmond Cary, qui vient de disparaître dans l'accident d'aviation du Mont-Blanc, traducteur-interprète de l'UNESCO, animateur de la Société Française des Traducteurs et de la Fédération Internationale des Traducteurs, a déployé une activité inlassable pour stimuler la curiosité et développer la culture linguistique des traducteurs, ainsi que pour attirer l'attention des linguistes sur les problèmes de la traduction. Jean-P. Vinay, angliciste nourri de linguistique, a donné la première méthode de traduction fondée sur une application conséquente de la linguistique contemporaine, dans un milieu bilingue administrativement depuis 1867 — le Canada — qui doit former les dictionnaires ministériels d'un Bureau des Traducteurs fort de plusieurs centaines de membres. Dans le monde slave, où la traduction littéraire, scientifique et technique jouit traditionnellement d'un prestige intellectuel et moral plus élevé qu'en Occident, et où sont étudiés comme tels tous les problèmes que pose un Etat multilingue, c'est le philologue linguiste A. V. Fédorov qui a produit le premier vrai traité où la traduction soit explicitement proposée comme un ensemble de problèmes soumis à l'analyse scientifique de la linguistique. Et c'est un linguiste de formation, Nida, que ses vingt ans de travail au département des traducteurs de l'*American Bible Society* ont conduit à brosser le tableau de toutes les applications qu'on peut faire de la linguistique la plus récente dans ce domaine, afin d'aller — c'est le titre de son ouvrage — *Vers une science de la traduction.*

Mais c'est surtout le surgissement des projets de traduction automatique qui, aux alentours de 1950, pousse à réaliser rapidement la conjonction nécessaire entre linguistique et traduction. Le plus souvent, les promoteurs sont des non-linguistes : Weaver, mathématicien, à la Fondation Rockefeller; Booth, mathématicien, à l'Université de Londres; Dostert, ancien responsable des services de traduction au procès de Nuremberg, puis à l'ONU ; Bar

Hillel, un logicien; Ceccato, musicien philosophe, dont le violon d'Ingres semble depuis vingt-cinq ans la recherche fondamentale exercée à titre privé; Delavenay, directeur du service des publications à l'UNESCO, etc. Mais la traduction automatique provoque dès le début un mouvement d'appel aux linguistes; et ce mouvement s'accélère à mesure que les difficultés de l'entreprise apparaissent, après les beaux enthousiasmes technologiques du début.

La décennie 1954-1964 verra le foisonnement des initiatives, l'apparition de dizaines de centres de recherches : aux U.S.A., en Angleterre, en U.R.S.S., en France, au Japon, au Mexique, en Chine, en Bulgarie, etc. On peut dire aujourd'hui que la conjonction entre linguistique et traduction est pleinement réalisée : les linguistes ont pris conscience du fait que les problèmes posés par la traduction sont de leur compétence; et les usagers de la traduction prennent de plus en plus conscience du fait qu'il est utopique de penser résoudre ces problèmes sans le secours de la linguistique.

Tous les problèmes qu'un art ou un artisanat de la traduction se posait à soi-même depuis au moins deux millénaires sont en effet de ceux que la linguistique éclaire ou peut éclairer scientifiquement. Tous les problèmes de sémantique, surtout, car la traduction, c'est le passage — et ce n'est que le passage — du *sens* d'un texte d'une langue dans une autre. Pourquoi la traduction n'est-elle pas possible mot à mot ? Et qu'est-ce qu'un mot ? Comment se fait-il que la liste des acceptations d'un mot dans une langue ne coïncide presque jamais avec celle des acceptions du même mot dans une autre langue ? Comment se fait-il que telle réalité non linguistique est désignée par un mot dans une langue, et par un groupe de mots dans une autre — et surtout, comment tracer la limite, pour faire un dictionnaire, entre ces unités lexicales simples d'une part, et des unités lexicales complexes d'autre part : en d'autres termes, est-ce que *mur de pierres sèches* doit figurer dans un dictionnaire bilingue, et où ? Qu'est-ce véritablement qu'un idiotisme ? Y a-t-il des mots ou expressions proprement intraduisibles, et pourquoi le sont-ils ? L'antique (et précieuse à beaucoup d'égards) expérience des traducteurs répondait à ces questions soit par des collections d'exemples plus ou moins instructifs, soit par des références au génie des langues, à leur richesse, à leur pittoresque, à leur expressivité — propriétés qui restaient mystérieuses, et n'apprenaient guère au traducteur que des façons peu claires de nommer ses propres difficultés. On peut penser que l'analyse de ces réalités par la linguistique descriptive actuelle a permis de mieux se rendre compte des faits, de répondre à ces questions au moins partiellement, ou d'indiquer la voie dans laquelle il faut continuer de chercher pour y répondre.

Cette prise de contact récente entre linguistique et traduction — surtout traduction automatique — a déjà des conséquences notables. Certes la linguistique n'avait pas attendu ce contact pour prendre conscience de l'intérêt qu'offraient pour elle les travaux d'autres disciplines; elle n'avait pas attendu l'année 1950 pour être attentive aux apports des ethnologues (surtout dans le monde anglo-américain d'ailleurs), ou à ceux des psychologues, des sociologues et des statisticiens. Mais on peut dire que la traduction automatique a imposé une reprise des relations entre linguistique, logique, et mathématique, que le cours naturel de la linguistique n'aurait certainement pas provoqué aussi vite, ni aussi largement. Ce contact à son tour a mis en lumière d'autres problèmes, et d'abord ceux de l'intercompréhension entre spécialistes de ces diverses disciplines, de la très grande mobilité des terminologies, de l'hétérogénéité des formations de base, toutes choses qui freinent la recherche interdisciplinaire : on commence tout juste à prendre une idée claire de ces obstacles peu visibles au développement de la science elle-même. D'autres problèmes, plus modestes, ont pris du relief à mesure que se développait l'expérience des équipes de traduction automatique. Le plus important part de cette constatation que la plupart du temps les animateurs de ces groupes sont venus à la linguistique après s'être engagés dans leur entreprise de recherche technologique, et qu'ils ont cru possible de se familiariser rapidement avec la linguistique, au moyen de stages accélérés, de consultations épisodiques. Cette tendance à considérer la linguistique comme une technique assimilable en quelques semaines, ou comme une matière brute homogène qu'on soumet en bloc à un traitement logico-mathématique, a certainement causé bien des déboires. Le nombre des centres qui s'occupaient de traduction automatique semble s'être sensiblement réduit — mais le faire-part d'une disparition est beaucoup plus discret que celui d'une naissance. Les groupes qui continuent leur activité ont connu des remaniements importants, presque toujours dans le sens de la compression des effectifs et des crédits. Ceci vient certainement d'un départ qui s'est voulu trop rapide, avec une espèce de lancement rappelant plus d'une fois le style publicitaire; le tout traînant après soi la promesse ou l'espoir de succès à court terme dans des domaines rentables. Comme ces succès ne sont pas venus, la désaffection des bailleurs de fonds, le scepticisme, quelquefois le défaitisme ont suivi. La traduction automatique a sûrement connu la maladie que Robert Escarpit décrivait dans *Le Littératron*. Elle en relève à peine. Et l'avenir appartient sans doute aux équipes qui feront preuve de persévérance, dans de vrais laboratoires de recherche à temps plein, vraiment durables. Rares sont en effet les noms qu'on retrouve avec continuité dans les publications. La plupart de ceux qu'on lisait voici quinze ou dix ans n'apparaissent plus; d'autres illustrent une espèce de tour d'Europe ou d'Amérique, qui ne marque rien moins que la stabilité.

Ce serait une erreur que d'accabler la traduction automatique sous le poids de ses erreurs de jeunesse. La recherche en ce domaine a stimulé de façon extraordinaire la production linguistique et peut la stimuler plus encore. Si elle sait se garder de la fuite en avant dans les grandes constructions théoriques gratuites ou prématurées, de la reconstruction perpétuelle de « modèles » abstraits jamais soumis à l'expérience parce que toujours remaniés, si elle n'essaie pas d'échapper à l'étude concrète des problèmes concrets en se réfugiant dans la rédaction de « problémoatiques » éternellement générales, elle peut offrir à la linguistique un banc d'essai impitoyable mais des plus stimulants. Car, avec la traduction automatique, la linguistique se trouve toujours au pied du mur : il faut produire, non des études de détail sans liens entre elles, si intéressantes soient-elles, mais des dénombrements entiers de faits lexicaux morphologiques ou syntaxiques; c'est-à-dire des descriptions complètes. Il faut produire des analyses non pas suggestives, ou typiques, mais exhaustives. Si l'on construit une hypothèse, ou un corps d'hypothèses, ou même à la limite une théorie linguistique unitaire, il faut les vérifier à mesure dans une pratique qui ne pardonne pas, celle des programmes et des machines qui les exécutent. En ce sens, la traduction automatique — ou la linguistique appliquée, si celle-ci ne devient pas, loin des laboratoires à temps plein le nouveau *littératron* provisoire que la traduction automatique a déjà cessé d'être — peut, par ses exigences, être un juge impartial de la validité des grandes synthèses que propose la linguistique pure. Exigences qui n'auraient effrayé ni un Saussure, ni un Jespersen, ni un Sapir, ni un Bloomfield, justement parce qu'ils cherchaient inlassablement et vérifiaient inlassablement, une théorie linguistique susceptible, non d'être exposée littérairement, mais de fonctionner linguistiquement. [1]

[1] Cet article a été publié dans la *Revue de l'Enseignement Supérieur,* Paris, nᵒˢ 1-2, 1967, p. 41-46.

LA LINGUISTIQUE
ET LES PROBLEMES DE TRADUCTION
(1967)

Pendant des siècles, la traduction a été considérée comme un exercice littéraire, et ce qu'on pouvait dire de ses principes et de ses techniques ressortissait à la rhétorique et à la stylistique, très marginalement d'ailleurs. C'étaient des écrivains traducteurs qui codifiaient, vaille que vaille, empiriquement, leur expérience dans ce domaine. Le développement du métier de traducteur, et du volume des traductions, l'apparition d'instituts d'interprètes et de traducteurs, la naissance d'associations nationales, groupées dans une fédération internationale, ont provoqué un foisonnement de publications.

La chose paradoxale est que la traduction, jusqu'à ces dernières années, faisait figure d'opération totalement ignorée par la linguistique, soit dans ses grands traités, soit dans ses manuels, soit dans ses revues. Le changement d'attitude qui s'est produit dans les années 1950 a sans doute de multiples causes : au Canada, le problème d'une administration bilingue à moderniser, avec un Bureau

Ministériel des Traducteurs; aux Etats-Unis, la quasi industrialisation des traductions de la Bible, par l'*American Bible Society* qui n'a pas hésité à appeler des linguistes qualifiés pour diriger son département des traductions : en Union Soviétique, une tradition ancienne qui place la traduction très haut sur l'échelle des productions littéraires; et partout, à partir de 1949, les problèmes posés par les mathématiciens, les ingénieurs et les logiciens qui commençaient (pour des raisons de rentabilité, mais aussi pour des raisons scientifiques : le flux croissant de la documentation à dépouiller et à classer) à chercher comment transformer les calculatrices électroniques en machines à traduire.

C'est certainement la linguistique américaine qui réalise la première la conjonction entre linguistique et traduction sur le plan théorique, éclairant surtout d'abord les problèmes par une extrême diversité d'exemples amérindiens ou africains, qui illustrent bien l'obstacle constitué par les différences entre civilisations; tandis que la tradition russe, fécondée par un point de vue linguistique, présente un panorama organique des principes et des techniques afférentes aux différents types de traduction (littéraire, poétique, théâtrale, technique, etc.) et que l'expérience canadienne se concrétise dans la première méthode de traduction. A côté, quelques ouvrages collectifs importants soulignent la prise de possession du domaine de la traduction par les linguistes, mais restent encore à demi engagés dans les problèmes traditionnels sur les difficultés littéraires et stylistiques de la traduction.

Pour sa part, la traduction automatique, à partir de 1949, aura pour premier résultat de provoquer une masse énorme de recherches linguistiques, souvent précieuses parce que méthodiques et très détaillées, sur maints problèmes qui jusqu'à cette date n'étaient souvent qu'échantillonnés, ou ignorés : problèmes sémantiques ou lexicologiques du mot à mot, des vocabulaires techniques (microglossaires), des polysémies, des idiotismes, du contexte, etc.; problèmes syntaxiques surtout, qui suscitent un foisonnement jamais vu de solutions dans ce domaine, mais encore largement hypothétiques : opérationnelles, distributionnelles, transformationnelles, génératives, lesquelles ont braqué l'attention sur un des secteurs les moins développés de la linguistique. On peut affirmer que, reflet d'un développement impétueux et désordonné, ou d'une anarchie tâtonnante, la recherche en matière de traduction automatique reste encore extrêmement morcelée au point de vue théorique, peut-être encore non véritablement dominée. Ce qui reste acquis, c'est la clarification que la linguistique actuelle apporte dans la position des antiques problèmes de la traduction. Les vieilles explications subjectives et intuitives par lesquelles on croyait rendre compte des difficultés ou des impossibilités de la traduction (richesse merveilleuse de toutes les langues de départ, pauvreté incurable de toutes les langues d'arrivée, beautés et perfections manifestées par l'intraduisible « génie » des langues, insaisissabilité des mentalités corrélatives), perdent beaucoup de leur audience à la lumière des analyses linguistiques d'aujourd'hui; et c'est déjà un gain considérable que de pouvoir décrire en quoi résidait l'essence de ces vieux mythes.

Ce n'est pas un mystère si une langue a des mots spécifiques pour désigner les réalités non linguistiques qui constituent sa civilisation et sa culture, et si une autre langue qui ne partage pas celles-ci ne dispose pas de mots spécifiques équivalents. Les Indiens Pyallup de la côte ouest du Pacifique ont soixante termes pour désigner le saumon tandis que nous n'en avons qu'un, sans qu'il y ait lieu de parler en général de richesse ou de pauvreté d'une langue donnée : c'est le domaine où la traduction transférera les réalités étrangères par l'emprunt linguistique, ou le calque, assortis, dans les textes scientifiques, de définitions paraphrastiques. Lorsqu'on dispose d'une analyse des langues qui montre comment chacune découpe à sa façon les données de l'expérience non linguistique, ce n'est plus un mystère non plus si l'on constate que le mot à mot ne fonctionne que rarement de langue à langue : ici aussi, même dans le cas où l'expérience linguistique est la même (cas des universaux biologiques, psychologiques, sociologiques, etc.), les obstacles à la traduction, manifestés directement par la langue, ne sont en définitive que le reflet des obstacles culturels, matérialisés par les structures différentes des deux lexiques. Tel est le cas avec l'exemple classique de la traduction du mot français *bois* par angl. *wood* et *timber*, ou par it. *bosco, legno, legna, legname*, etc.

Dans d'autres cas, la traduction se trouve en présence de difficultés, voire d'impossibilités (sans doute rares) dues à des obstacles provenant des structures syntaxiques différentes des langues considérées. Le découpage d'une expérience sémantique apparemment identique se fait selon des modèles structuraux presque sans aucun parallélisme : *j'ai mal à la tête, me duele la cabeza*, — sans qu'on puisse d'ailleurs inférer que les locuteurs qui se servent de ces messages différents pensent différemment. La plupart des linguistes d'aujourd'hui hésiteraient même, sur le vu de beaucoup de faits analogues, à dire que le français est plus statique (il nominalise un procès : avoir *mal*) tandis que l'espagnol est plus dynamique (il exprime un état par un verbe : *duele*). La présence d'expressions françaises comme *la jambe me fait mal, je souffre du dos, ça m'élance dans les gencives*, etc., incite au moins à la prudence. Si l'on

postule *a priori* que les structures linguistiques différentes
doivent manifester des « mentalités » différentes, on con-
clura peut-être qu'il est impossible de traduire en français
me duele la cabeza. Mais si l'analyse des situations et des
comportements tend à prouver qu'il s'agit d'une réalité non
linguistique identique dans les deux langues, *j'ai mal à la
tête* sera considéré comme un équivalent fidèle. Même si
les comparaisons entre deux structures ne sont pas toujours
aussi simples que dans les exemples ci-dessus, le critère
sera toujours le même : un recours à l'analyse des traits
pertinents des situations auxquelles renvoient les deux messages. C'est d'ailleurs la solution que les bons traducteurs
ont toujours préconisée empiriquement lorsqu'ils insistent
sur le fait que, pour traduire, la connaissance de la langue
ne suffit pas, mais qu'il faut y ajouter celle du pays qui la
parle, de ses usages, de ses mœurs, de sa civilisation, de sa
culture, et de préférence directement, par des contacts sur
place.

Quelquefois, enfin, la traduction se heurte à des obstacles
d'une autre nature, superposés souvent d'ailleurs à des
obstacles culturels et à des obstacles structuraux : obstacles
nés des versifications, des métriques ou des rythmiques, des
prosodies, des genres littéraires, des traditions esthétiques,
différents dans la langue-source (à partir de laquelle on
traduit) et dans la langue-cible (dans laquelle on traduit) :
ce sont les obstacles stylistiques. Si l'on pose *a priori* que
traduire du russe *čto bylo, to ne budet' vnov* (vers très
célèbre de Pouchkine) c'est en respecter toutes les valeurs
linguistiques formelles : phoniques, rythmiques, métriques,
avec les échos culturels évoqués par ce type de vers dans
la poésie russe, sa participation à un ensemble de sentences
versifiées gnomiques, son appartenance à une tradition
didactique de la poésie russe toujours vivante alors qu'elle

est morte en France, etc., il est certain que ce vers est intraduisible. Mais si, refusant d'isoler abstraitement les formes linguistiques poétiques de leur fonction linguistique poétique, on cherche à déterminer le contenu que ces formes ont été chargées par Pouchkine de nous transmettre, quels effets les formes du vers pouchkinien produisent sur un lecteur russe, et pourquoi elles produisent ces effets, on pourra chercher s'il est possible en français de suggérer le même contenu vécu expressif, affectif, intellectuel et culturel — ou l'équivalent le plus approché de ce contenu — et au moyen de quelles formes françaises. Ce contenu identifié, et ces formes découvertes ou inventées, on aura ce qu'il est convenu depuis toujours d'appeler une traduction du vers de Pouchkine. [1]

[1] Ce texte a été publié sous la forme de l'article Traduction dans le *Guide alphabétique : la linguistique,* par les Editions Denoël-Gonthier, dans la collection Médiations. Nous les remercions de nous avoir autorisé à reprendre ce texte ici.

INTRODUCTION LINGUISTIQUE
AUX PROBLEMES DE LA TRADUCTION
(1968)

On a beaucoup travaillé, depuis quinze ou vingt ans, dans le domaine de la traduction, mais moins en ce qui concerne la pédagogie de cette activité tri-millénaire que dans le domaine de la réflexion théorique. Aussi n'attendra-t-on pas des pages qui suivent qu'elles soient une initiation à la pédagogie de la traduction; ni même l'esquisse d'un art de la traduction rénové par les apports capitaux de la linguistique actuelle. Tout au plus souhaitent-elles être une introduction à l'étude de ces problèmes d'un point de vue actualisé, à partir d'une bibliographie modernisée.

On avait certes déjà beaucoup travaillé sur la traduction avant 1945 ou 1947. Mais il s'agissait de travaux totalement différents. Après 1945, on est en face d'un foisonnement de travaux linguistiques sur la traduction; tandis qu'avant 1945 il s'agissait toujours de travaux littéraires, et de problèmes littéraires. C'est d'ailleurs dans cette masse de travaux qu'allaient puiser sporadiquement, au hasard des rencontres, les enseignants que l'exercice de la version incitait à la recherche pédagogique en ce domaine. On collectionnait ce qu'avaient dit Horace et Cicéron, saint Jérôme, Dante, Oresme, Etienne Dolet, Perrot d'Ablancourt ou Rivarol, Houdar de la Mothe ou Madame Dacier, Paul Louis Courier ou Chateaubriand, Madame de Staël ou Leconte de Lisle; ou Pope; ou Goethe; ou Victor Bérard et André Mazon, ou André Gide. Les plus récentes sommes là-dessus restent *Miseria y esplendor de la traduccion*, par Ortega y Gasset, et *Sous l'invocation de saint Jérôme*, par Valery Larbaud (Paris, N.R.F., 1946). Toute cette matière est traditionnellement explorée par la littérature comparée. Par exemple, pour le XVIIIe siècle, l'article de Constance West, ou la thèse de R. Kelly; pour les traductions en français, siècle par siècle, le *Manuel bibliographique* de Lanson; pour les questions d'ensemble, la *Revue de littérature comparée*, la *Bibliographie de littérature comparée*, *Comparative Literature*, et la *Bibliography of comparative literature* de Baldensperger et Friedrich, qui ont ainsi recensé les sources d'une histoire de la traduction littéraire.

Le développement du métier de traducteur et du volume des traductions, l'apparition d'instituts d'interprètes et de traducteurs (Heidelberg, Genève, Vienne, Naples, Paris, Mayence, etc.), la naissance d'associations nationales de traducteurs groupées dans la Fédération Internationale des Traducteurs, et l'apparition de périodiques professionnels (*Babel*, revue de la F.I.T., *L'Interprète, The Linguist, Le Linguiste, Van Taal tot Taal, Dialog, Translatören, Traduire*, etc.), tout cela a provoqué un renouvellement des publications sur la traduction. Ce qui s'y reflète, c'est l'expérience immense mais artisanale de travailleurs compétents qui répètent, en les variant plus ou moins brillamment, les préceptes archi-connus d'un savoir-faire millénaire. Les exceptions, de traducteurs ayant su s'élever au-dessus des recettes d'un praticisme un peu monotone, sont rares : Edmond Cary, parmi eux, mérite une place à part, à cause de ses efforts pour prendre une vue panoramique de cette activité, dont il cherchait à bien cerner la spécificité (2); ainsi que l'essayiste anglais Theodor Savory. Les meilleurs des autres sont des excellents praticiens qui ont su dominer leur pratique pour la décrire, au moins pédagogiquement, de façon systématique : R. W. Jumpelt pour la traduction scientifique et technique (4), Jean Herbert (5) et R. K. Mignard-Biéloručev (6) pour l'interprétation de conférences, et J. F. Rozan pour la technique de la prise de notes (7). Pour le reste on peut dire qu'interprètes et traducteurs n'ont pas encore su se dégager vraiment d'une vue étroitement littéraire et amateuriste dans leur façon d'envisager les problèmes posés par leur qualification professionnelle; comme en témoignent la plupart des quelque cent communications enregistrées au IIIᵉ Congrès International de la Traduction (Bad Godesberg, 1959) (8).

Mais après 1945, indépendamment de l'activité des traducteurs eux-mêmes, la traduction s'est trouvée introduite dans le champ d'observation des linguistes, pour des raisons qui tenaient soit au développement rationnel des traductions de la Bible dans des centaines de langues (U.S.A.), soit aux problèmes posés par une administration bilingue (Canada), soit à l'attention théorique provoquée par la masse des traductions internes dans un pays multilingue (U.R.S.S.), soit surtout à la naissance de la traduction automatique — où les recherches, largement financées au départ, et désireuses de faire vite, provoquèrent un appel brusque aux lumières des linguistes.

De cette quadruple impulsion sont nés des ouvrages qui constituent pour l'enseignant d'aujourd'hui des instruments d'initiation sans commune mesure (au point de vue scientifique) avec tout ce qui les a précédés. Au lieu d'une poussière de recettes, dispersées dans toutes les directions, pleines de lacunes et de contradictions, le lecteur est mis en face d'une présentation cohérente de problèmes objectivement définis, et de solutions formant méthode raisonnée.

C'est certainement Eugène A. Nida qui réalise le premier cette conjonction entre linguistique et traduction sur le plan théorique, en 1945, dans son important article de *Word*, qui sera suivi de nombre d'autres travaux. Son dernier ouvrage est la somme d'une expérience d'un quart de siècle et résume le meilleur de la linguistique américaine sur le sujet (9). A. V. Fédorov, dans son *Introduction à une théorie de la traduction*, présente, à partir de la tradition russe, un panorama organique des principes et des techniques des différents types de traduction, dans un éclairage plus résolument linguistique que stylistique et littéraire, ce qui était original en U.R.S.S. et a déclenché de vives polémiques entre la première et la seconde édition (10). J. P. Vinay et J. Darbelnet ont donné pour la première fois une authentique méthode de traduction, fondée elle aussi explicitement sur les apports que la linguistique actuelle pouvait faire sur ce point. Leur ouvrage est remarquable surtout par la gradation qu'ils établissent dans les opérations de traduction, depuis l'emprunt (qui ne traduit pas), le calque, la traduction mot à mot, jusqu'à la transposition (qui rend une partie du discours par une autre), la modulation (qui récrit le message d'un autre point de vue), l'équivalence (qui traduit par deux messages formellement différents la même situation), et l'adaptation (qui traduit une situation *sui generis* par une situation voisine ou approchée) (11).

On peut dire que ces trois auteurs ont véritablement introduit la traduction dans le domaine de la linguistique — ou bien l'analyse scientifique linguistique dans la traduction. A côté, deux ouvrages collectifs édités, l'un par Reuben A. Brower, l'autre par W. Arrowsmith et R. Shattuck demeurent encore engagés plus qu'à demi (surtout le second, très volontairement) dans la réflexion traditionnelle sur les difficultés littéraires et stylistiques, certes passionnantes, de la traduction; malgré la présence dans le premier d'un article suggestif mais cursif de R. Jakobson, et de deux textes remarquables de Nida et Oettinger (12).

L'apport le plus précieux de la linguistique actuelle aux enseignants, quant à la traduction, c'est d'avoir rompu la fascination qu'exercent toujours une langue étrangère et les difficultés qu'elle oppose à la traduction, fascination qui s'est exprimée à la longue dans le mythe du génie des langues. La linguistique, loin de là, ne vient pas nier ces difficultés. Simplement, elle en dissipe le mystère prétendu insondable, elle les décrit, les délimite, les définit — par là même empêchant de les voir partout, et surtout là où elles ne sont pas.

Une première catégorie de difficultés (qui a fourni d'innombrables dissertations sur la richesse et la pauvreté comparées des langues) naît non pas du passage de langue à langue, mais du passage de civilisation à civilisation. Quand telle réalité non linguistique d'une civilisation donnée n'existe pas pour la civilisation dans la langue de laquelle on veut l'évoquer par traduction, rien d'étonnant que les termes manquent pour l'y désigner : *rouble, verste, dollar, yard, boomerang* ou *gorgonzola*, témoignent à la fois de l'existence de ce problème, et de sa solution : l'emprunt pur et simple du terme, qui presque toujours accompagne le cheminement de la chose elle-même à travers le vaste monde. Et lorsque la chose ne voyage pas, son passage d'une civilisation à une autre comme notion se fait sous des formes auxquelles nous sommes tellement habitués que nous ne les apercevons pas : l'emprunt glosé par une brève définition dans le texte (« le *barracuda*, qui est une sorte de poisson », etc.), ou par une note. Des milliers de mots, avec les notions qu'ils recouvrent, s'introduisent ainsi peu à peu dans les langues. Jusqu'au jour où la glose et la note sont inutiles, parce que tout le monde sait finalement ce que sont une izba, un igloo, un wigwam, un iceberg, un jerrycan, etc. Le caractère habituel de ce transfert ne doit pas nous faire oublier qu'il est une ressource fondamentale de la lutte spontanée des langues contre l'intraduisible. A cet égard aussi, la description des civilisations étrangères (par la géographie, l'ethnographie, etc.) ou disparues (par l'histoire, la philologie, etc.) doivent être considérées comme de véritables prétraductions.

Mais d'autres difficultés naissent réellement des langues elles-mêmes, parce que chaque langue est une façon souvent spécifique de découper et de dénommer telle expérience non linguistique pourtant commune à tous les hommes. Les processus grâce auxquels le lait se transforme en produit solide par fermentation lactique, par exemple, sont des processus universels. Pourtant Jakobson observe que l'anglais d'Amérique n'a qu'un mot pour désigner ces produits : *cheese*, là où le russe en a au moins deux, *syr* et *tvorog*. Devant le texte anglais parlant de *cheese*, le traducteur russe, s'il n'a pas d'indice dans le contexte, devra choisir entre *syr* et *tvorog*, spécifiant ainsi ce que l'anglais laisse indéterminé. En fait l'exemple illustre surtout combien notre découpage linguistique de l'expérience non linguistique est lié à la pratique de notre civilisation : les Russes disent encore fréquemment : *prinesi syru i tvorogu* (« Apportez le fromage et le fromage blanc ») parce que la consommation de ce dernier tient encore autant ou plus de place dans la vie ménagère que celle du fromage. En France, il y a cinquante ans, dans la province, on distinguait encore les *mattes* ou *caillebottes* (lait qui a tourné spontanément), le *caillé* frais (obtenu au moyen de présure), le *fromage blanc*, un peu égoutté et souvent formé, le *fromage frais* (plus égoutté encore, à peine fermenté), et le fromage tout court; dans la région marseillaise, on distingue encore entre *caillé*, et *brousse* (lait qui a tourné en bouillant, laissé à cuire), il y a vingt ans, dans l'Ouest, on ne confondait pas le *petit lait* (sous-produit du fromage) destiné à l'alimentation des porcs, et le liquide obtenu par un barrattage du beurre, appelé *babeurre*, et qui servait encore à faire un potage pauvre. Aujourd'hui, *babeurre*, *caillebotte*, *mattes*, *brousse*, sont ignorés des locuteurs jeunes — qui connaissent tout et ne confondent pas *petit gervais*, *petit suisse* et *yaourt*. Le découpage des réalités non linguistiques et leurs dénominations sont liées à la pratique sociale, qui a déjà changé en quelques dizaines d'années. Les langues structurent un même lexique — celui des produits du lait fermenté — non pas d'une manière métaphysique éternelle et universelle, mais selon des pratiques sociales variables qui, pour si légèrement différentes qu'elles soient, font que *chester*, *mozzarella*, *pécorino*, ne sont pas à proprement parler traduisibles en français. Ces différences dans les structures des lexiques sont bien connues, ce sont elles qui soutenaient aussi les émerveillements sur la richesse de certaines langues (dans certains secteurs) et sur la pauvreté d'autres langues, richesse et pauvreté qu'on attribuait à des propriétés mystérieuses du génie des langues et de la mentalité des peuples. La linguistique ne rend peut-être pas plus facile la traduction éventuelle de *brousse* et de *babeurre* en chinois, mais elle localise exactement la difficulté.

Une troisième espèce de difficultés de la traduction trouve son origine également dans les langues elles-mêmes, au niveau cette fois des structures syntaxiques. Ici encore, le découpage linguistique d'une expérience non linguistique se fait selon des patrons de phrase où les unités signifiantes sont agencées de façon très différente. Si l'on admet, par exemple, que dans la phrase anglaise « *He gazed out of the open door into the garden* », le génie de la langue anglaise et la mentalité anglo-saxonne manifestent leur préférence pour le concret en ce que la phrase suit l'ordre des images, puisque le regard a traversé la porte avant d'aboutir au jardin — tandis que la phrase française correspondante « Il a regardé dans le jardin par la porte ouverte », conformément au goût français pour le plan abstrait de l'entendement, va droit au résultat, mais n'indique qu'ensuite le moyen — alors on peut soutenir que la traduction est impossible, que la phrase française laisse échapper l'essentiel de la phrase anglaise, ce goût du concret, ces mots-images, cette appréhension naïve et directe du réel toujours côtoyé, etc. (11). Vinay et Darbelnet, tout en payant trop largement leur tribut au vieux mythe du génie des langues, multiplient par leurs centaines d'exemples excellents la preuve qu'on peut traduire toutes ces prétendues difficultés. (Est-il même certain que *way station* est plus concret qu'*arrêt intermédiaire* ? La phrase française : « Il traversa la rivière à la nage » est-elle moins concrète que la phrase anglaise « *He swam across the rive* », uniquement par cette raison qu'en anglais c'est le verbe qui évoque l'action concrète, tandis qu'en français c'est le complément indirect de manière ? *Traverser*, d'ailleurs, est-il moins concret que *nager* ? On se posera ces questions cent fois chez Vinay, surtout si l'on garde présente à l'esprit la notion saussurienne capitale de l'arbitraire du signe.) En fait, comme l'a bien dit Jakobson, « les langues diffèrent essentiellement par ce qu'elles *doivent* exprimer, et non par ce qu'elles peuvent exprimer »; et « toute expérience cognitive peut être rendue et classée dans n'importe quelle langue ». Le russe doit choisir entre *rabotnik* et *rabotnica* là où l'anglais peut se contenter de *worker*, sans indiquer le sexe par un genre grammatical; mais si l'anglais doit traduire *rabotnica*, il trouvera la solution dans une combinaison lexicale qui précisera qu'il s'agit d'ouvrière et non d'ouvrier. La méthode de traduction de Vinay et Darbelnet démontre que la transposition, la modulation, l'équivalence et l'adaptation sont autant de solutions légitimes aux problèmes posés par les difficultés syntaxiques. Là également, la linguistique ne résout pas les problèmes, elle les montre tels qu'ils sont, les démythifie, et prouve le mouvement traductionnel en marchant.

Une dernière espèce de difficultés de la traduction provient toujours des langues elles-mêmes, mais dans le domaine où l'analyse linguistique est la plus délicate, et la moins avancée scientifiquement : celui de la stylistique. Ici encore, le premier bénéfice d'une attitude linguistique devant les problèmes est de nous débarrasser de la crainte et du tremblement religieux face aux fameux impondérables du style. Non que les solutions soient toujours simples et toujours visibles : mais l'attitude saine est de prendre d'abord la mesure exacte des problèmes. Tout dépend de la définition qu'on se donne du style; et la linguistique, au lieu d'en poser une *a priori*, cherche à percer d'une manière objective le secret de ces messages si particuliers qui constituent pour nous l'œuvre d'art littéraire en tant que forme linguistique. Poser au départ qu'il n'y a pas de traduction fidèle d'un poème si on n'en respecte pas totalement la versification, la métrique, la rythmique, les effets phoniques, le découpage strophique, le genre littéraire formel, c'est évidemment poser qu'il n'y a pas de traduction littéraire possible — et que tous ceux qui n'ont pas lu Homère en grec ne savent absolument *rien* d'Homère poète. Mais la tâche de l'analyse linguistique ici, c'est de rechercher s'il y a des raisons qui font que le message littéraire ou poétique donné, dans une œuvre, est valorisé par les formes linguistiques qui lui sont propres, et par quelles formes spécifiques il est valorisé *hic et nunc*, et pourquoi, et comment. Si l'on identifie le contenu réel et total du message (y compris toutes les valeurs affectives, expressives, allusives, d'un vécu individuel exprimé), et si l'on identifie les corrélations réelles entre ce contenu et *certaines* formes linguistiques, on peut commencer à chercher d'autres formes linguistiques propres à produire en français les mêmes effets, ou des effets les plus voisins possibles. Sinon, on traduira la versification et non la poésie : aussi parfaitement, et aussi vainement, les sonnets de l'abbé Cotin que ceux de Mallarmé.

La linguistique, en proposant toutes ces vues sur la traduction, n'apporte pas aux traducteurs une baguette magique. Tout au plus les prépare-t-elle à réfléchir sur ce qu'ils font, de façon moins empirique, moins subjective, plus ordonnée, plus cohérente; tout au plus leur offre-t-elle des instruments plus rigoureux et plus fins pour analyser les difficultés qu'ils rencontrent. L'ambition de la linguistique, à l'égard des traducteurs, est moins de les former que de les informer; moins de leur enseigner leur art, ou de transformer cet art en une science infaillible, que de leur fournir sur les phénomènes du langage une culture générale plus large et plus complète, qui les éclaire. Devant chaque spécificité, c'est à leur art, peut-être mieux préparé, qu'appartiendra toujours le dernier mot. (15)

REFERENCES BIBLIOGRAPHIQUES

1. La théorie de la traduction au xviiie siècle, etc., *Revue de littérature comparée*, 1932, pp. 330-355, et *L'évolution de la théorie de la traduction en France au XVIIIe siècle*, Thèse de l'Université de Lyon, 1957.
2. *La traduction dans le monde moderne*, Genève, Georg éd., 1956.
3. *The art of translation*, Londres, Jonathan Cape, 1957.
4. *Die Uberstezung naturwissenschaftlicher und technischer Literatur*, Berlin, Langenscheidt, 1961.
5. *Manuel de l'interprète*, Genève, Georg, 1952.
6. *Metodika obučenija perevodu na slux*, Moscou, Institut des Relations Internationales, 1959.
7. *La prise de notes en interprétation consécutive*, Genève, Georg, 1959.
8. *Quality in Translation*, Londres, Pergamon Press, 1963.
9. Linguistics and ethnology in translation problems, dans *Word*, 1954, 2, pp. 194-208; *God's word in man's language*, New York, Harper, 1952; *Message and mission*, New York, Harper, 1960; et surtout *Toward a Science of Translating*, Leyde, Brill, 1964.
10. *Vvedenie v teoriju perevoda*, Moscou, Editions des Littératures en langues étrangères, 1re éd., 1953; 2e éd. refondue, 1958.
11. *Stylistique comparée du français et de l'anglais*, Paris, Didier, 1958.
12. *On Translation*, Harvard University Press, 1959; et *The craft and context of translation*, University of Texas Press, 1961.
13. Jakobson, *in* Brower, pp. 233, 236, 237.
14. Sur l'ensemble des problèmes, on pourra consulter aussi: Georges Mounin, *Les belles infidèles*, Paris, éd. des Cahiers du Sud, 1955, *Teoria e storia della traduzione*, Turin, Einaudi, 1956 (trad. allemande: *Theorie und Geschichte der Ubersetzung*, Munich, Nymphenbürger Verlag, 1967); La traduction devient-elle un problème de premier plan? dans *Critique*, n. 127, XII-1957; *Problèmes théoriques de la traduction*, NRF, 1963; *La machine à traduire, histoire des problèmes linguis-*

tiques, La Haye, Mouton, 1964; Le traducteur entre les mots et les choses, *Courrier de l'UNESCO,* IV-1962; L'intraduisibilité comme notion statistique, dans *Babel,* X, 3 (1964).

15. Ce texte a été publié dans la revue *Le français dans le monde,* nº 54, 1/2-1968, p. 13-16.

LES OPERATIONS DE LA TRADUCTION
(1971)

`

Ce mot désigne aujourd'hui le passage d'un texte écrit d'une langue dans une autre. Pour la même opération concernant le passage oral d'une langue à une autre on parlera d'interprétation : soit consécutive, si l'interprète parle après l'orateur, en se basant sur des notes; soit simultanée, si l'interprète parle (par téléphone ou à voix chuchotée à côté de son auditeur) en même temps que l'orateur, avec un décalage dans le temps d'une demi-phrase environ. Lorsqu'il s'agit de passer d'un texte écrit (discours, allocution distribuée d'avance) à sa forme orale étrangère, on parle de traduction à livre ouvert, ou de traduction à vue. Il ne sera traité ici que de la traduction proprement dite.

Cette activité intellectuelle, bien qu'elle ait été négligée pendant très longtemps par les philosophes et les linguistes, a cependant été beaucoup étudiée par les traducteurs eux-mêmes. Mais il s'agit toujours de réflexions littéraires, qui constituent une masse énorme de témoignages plutôt que de recherches, une accumulation d'intuitions, des collections de recettes ou de généralités, voire de banalités répétées de siècle en siècle, ou encore de formulations catégoriques indémontrées, mêlées avec une richesse extraordinaire de faits concrets bien observés : un practicisme et un empirisme de très bons artisans. On peut collectionner ainsi *ad infinitum* tout ce qu'ont dit de la traduction Horace, Cicéron, saint Jérôme, Oresme, Etienne Dolet, Rivarol, Chateaubriand, Leconte de Lisle, Victor Bérard, André Mazon, Valery Larbaud; ou Maïmonide, ou Pope, ou Goethe, ou Gogol, ou Ortega y Grasset; ou Dante, Monti; ou Léopardi, Croce, Ungaretti, Vittorini, Montale, etc. La collection et la classification de cette expérience surabondante, si précieuse soit-elle, n'aboutit au cours des siècles qu'à nourrir un certain nombre de « sujets-bateau » toujours les mêmes, aussi insolubles dans les termes où ils sont posés que les dissertations académiques sur le classicisme et le romantisme par exemple. La traduction est-elle possible ou impossible ? Faut-il en traduisant préférer la fidélité à la beauté ? La traduction est-elle un art ou une science ? Est-elle un esclavage ou une création ? Est-elle une opération linguistique ou non linguistique ? Vaut-il mieux pour traduire être un savant professeur ou un libre écrivain ?

On a brusquement beaucoup travaillé d'une manière tout autre sur la traduction depuis 1949, chez les linguistes cette fois. Les vieux débats insolubles nourris par la pratique empirique des traducteurs n'ont pas disparu. Au contraire, le développement des contacts internationaux et l'organisation de solides associations, plus ou moins syndicales, de traducteurs (une trentaine sont regroupées dans la Fédération Internationale des Traducteurs, patronnée par l'UNESCO) ont développé la floraison de quelques dizaines de revues spécialisées (*Babel, L'Interprète, The Linguist, Traduire, Van Taal Tot Taal, Meta* [Canada], *The Bible Translator* [New York], etc.) où ces questions continuent régulièrement d'être agitées. Mais, stimulée par la naissance de la traduction automatique, la linguistique la plus en pointe s'est emparée des problèmes théoriques de la traduction, et a opéré à leur égard un passage définitif à l'analyse scientifique — qui n'a pas été jusqu'ici réellement réalisé ni vraiment suivi chez les traducteurs et dans leurs revues.

La traduction automatique elle-même n'a sans doute pas encore bénéficié positivement de la masse de recherches théoriques qu'elle a déclenchées sur la traduction. Ces recherches, en effet, ont surtout découvert et analysé les difficultés immenses qu'on rencontre dès qu'on veut faire exécuter par un mécanisme la suite totale des opérations mentales qui constituent la traduction d'une phrase existante ou possible dans une langue donnée. Les problèmes de traduction du lexique, qui ne sont pas aussi simples que l'on croit, ont été à peu près résolus par l'invention de dictionnaires automatiques, lesquels ont bénéficié à leur tour de l'augmentation prodigieuse des mémoires des calculatrices : celles-ci ont passé du stockage de quelques centaines d'unités vers 1956 à des dizaines de millions dix ans plus tard. Les problèmes posés par la morphologie sont résolubles à peu près de la même façon dès qu'on peut — et on le fait — décomposer une forme fléchie (*finirete*, ou *sporchi* par exemple) en leur base et leur affixe, qu'on traite ensuite comme des monèmes dont on connaît bien les règles de combinaison. Mais le traitement automatique de la syntaxe reste le point noir. En un sens, malgré ses dénégations, toute la théorie transformationnelle-générative de Chomsky est un immense effort pour fournir un modèle abstrait logico-mathématique d'une syntaxe, tel qu'un automate (incapable par définition de tenir compte aussi bien du contexte éloigné que de la situation non linguistique de l'énoncé) puisse cependant produire mécaniquement cet énoncé, ou en tester la grammaticalité ou la non grammaticalité. Depuis 1960 les dizaines d'équipes qui travaillaient fébrilement à réaliser des machines à traduire se sont discrètement dissoutes, abandonnant une tâche qui ne se révélait peut-être payante qu'à très long terme. Quelques équipes survivent à l'est et à l'ouest, travaillent patiemment, sans bruit, mais sans avoir beaucoup progressé semble-t-il. Les machines à traduire produisent toujours des textes relativement utilisables, qui ressemblent encore beaucoup à des versions d'élèves de sixième faites « à coups de dictionnaire ». Ce sont des textes valides quant à l'exploration rapide du contenu d'un document scientifique ou technique, écrit dans une langue inaccessible à l'utilisateur. Si les produits obtenus avaient dépassé ce stade, l'équipe productrice serait sortie de la « phase silencieuse » où la traduction automatique s'est enterrée depuis dix ans et tout le monde le saurait. Ce n'est pas le cas.

La traduction par un opérateur humain a cependant tiré beaucoup de bénéfices de cette activité proprement linguistique. Paradoxalement d'ailleurs ce n'est pas la traduction automatique, c'est-à-dire la linguistique appliquée, mais la linguistique pure qui a fourni la meilleure description des solutions. D'une part, des linguistes ont bien analysé les résistances offertes à la traduction, non pas par l'hétérogénéité structurale des langues (ce que Humboldt avait appelé leur *Verschiedenheit*), mais par l'hétérogénéité des civilisations. Si le chinois éprouve de grandes difficultés à traduire *mozzarella*, ou bien *Ave Maria gratia plena*, c'est parce que sa culture matérielle ne possède pas ce produit laitier spécifique, ni sa culture spirituelle un mot pour désigner le concept d'un « appui donné par Dieu aux hommes dans la recherche de leur salut ». Il n'y a là ni pauvreté ni richesse en soi d'une langue en tant que telle.

D'autre part, pour ce qui est des difficultés proprement linguistiques de la traduction, des linguistes comme Darbelnet et Vinay ont bien décrit la gamme des opérations qui peuvent venir à bout de ces difficultés, jusqu'à réduire au millième ou au dix-millième la marge d'intraduisibilité qu'on peut toujours supposer dans un texte de trois cents pages par exemple. Tout d'abord l'emprunt, qui permet d'introduire le mot étranger pour désigner la chose inexistante : c'est ainsi que sont entrés en français des mots comme *autostrade* ou *gorgonzola* (le deuxième étant moins assimilé par la phonologie du français que le premier). Ensuite c'est le calque, c'est-à-dire la copie d'un mot imagé ou d'une structure étrangers : ainsi, à côté d'*autostrade*, qui est un emprunt francisé où le mot *-strade* ne dit rien au Français ignorant *strada*, le mot *autoroute* est un calque lexical de l'italien. Puis vient la traduction littérale, ou mot à mot, quand elle est possible : *Roma è la capitale dell' Italia* = Rome est la capitale de l'Italie. On dispose encore de la transposition, opération par laquelle une expression qui n'est pas traduisible mot à mot se voit rendue par un changement de partie du discours : *una copertina colorata vivacemente* est parfaitement traduit par *une couverture de couleur vive*, ou bien par *une couverture aux couleurs vives* (l'ambiguïté serait levée par le contexte ou la situation de l'énoncé), en dépit du fait que le contenu lexical de l'adjectif italien est confié à un substantif français, et que celui de l'adverbe italien passe dans un adjectif français, sans gain ni perte d'information. La modulation est une cinquième opération traduisante qui permet de rendre le contenu exact de l'énoncé, quoiqu'il soit considéré d'un point de vue différent dans la langue-source et dans la langue-cible : *conoscere un paese a palmo a palmo* dit la même chose que *connaître un pays sur le bout du doigt*. En sixième lieu, l'équivalence traduit un énoncé par un autre, totalement différent du point de vue linguistique formel, mais sémantiquement égal à cet autre : *tutto il mondo è paese* a le même contenu que *rien de nouveau sous le soleil*. Enfin, septièmement, l'adaptation permet de rendre, à l'extrême limite, une situation inconnue dans la langue-cible par une autre qui en soit l'équivalent le plus proche : *fargli le fiche*, selon le contexte pourra se traduire *lui faire un pied de nez* (geste de dérision), ou *lui faire signe de monter là-dessus* (geste obscène).

Restent les problèmes de la traduction du style, au sens des moyens et des trouvailles les plus strictement personnelles d'un écrivain, surtout d'un poète. Ici, la leçon de la linguistique, peu connue et encore moins reconnue, pourrait être celle-ci : dans un texte ayant valeur esthétique — c'est-à-dire, au sens large ou étroit : poétique — le problème n'est pas de traduire automatiquement la métrique et la prosodie de l'original, ni non plus son vocabulaire, sa syntaxe, ou sa phonétique et sa musique, cas par cas, détail par détail. S'il en était ainsi on pourrait dire que ceux qui n'ont pas lu *La divine comédie* dans le texte ignorent tout de Dante, c'est-à-dire que l'œuvre d'art est intraduisible. On peut suggérer, au contraire, que traduire un poème c'est d'abord découvrir ce qui est esthétiquement ou poétiquement pertinent dans ce poème, les signifiants (lexicaux, syntaxiques, phoniques, rythmiques, etc.) qui véhiculent les signifiés poétiques, *et eux seuls.* Traduire devient alors la recréation de formes semblables ou différentes (les signifiants poétiques) qui auront la même fonction poétique (les mêmes signifiés) que dans l'original. [1]

[1] Ce texte a été publié comme article Traduction dans l'*Enciclopedia Fabbri.*

LES THEORIES ACTUELLES
DE LA TRADUCTION
(1972)

La traduction, soit orale, soit écrite, est sans doute aussi ancienne que la parole d'une part et que l'écriture d'autre part. L'ethnologie ne rencontre guère de tribu si isolée qu'elle n'ait de contact avec une autre de langue différente, et ne comporte en son sein quelques locuteurs bilingues. On possède le texte de traités signés entre les Hittites et l'Egypte pharaonique, rédigés en deux langues, qui ont plus de trois mille ans. On sait qu'il y avait des traducteurs-interprètes à la même époque à la cour des Pharaons : ils l'étaient de père en fils, et princes. La liste des grands écrivains qui ont réfléchi sur l'opération traduisante comporterait, pour chaque pays, des dizaines de noms au moins : Cicéron, saint Jérôme, Maïmonide, Dante, Oresme, Rivarol et Leopardi, Goethe, Pope, Chateaubriand, Gogol, Leconte de Lisle, Gide y figureraient en bonne place, escortés partout, depuis le XVIe siècle, d'auteurs moins connus d'Arts de traduire, comme le Sieur de l'Estang, Bachet de Méziriac, Perrot d'Ablancourt, Madame Dacier,

Tyler et cent autres. Cette tradition de réflexion vit toujours et les revues actuelles d'associations nationales de traducteurs (une bonne quarantaine) publient régulièrement des notes où s'accumule à l'infini l'expérience particulière de chaque praticien, toujours précieusement nourrie d'exemples, mais toujours empirique, artisanale; ou bien, quand elle tente de s'élever à des vues générales, presque toujours fondée sur des conceptions archaïques de philosophie du langage, presque toujours dépourvue d'une solide et véritable assiette théorique.

WILBUR MARSHALL URBAN (1939)

En effet, les philosophies du langage ont curieusement ignoré, pendant très longtemps, cette opération qui eût dû les attirer comme un moyen privilégié d'étudier le problème si obscur des relations entre langage et pensée. Les dictionnaires et les encyclopédies n'étaient pas moins silencieux : l'article traduction n'apparaît, pour la *Britannica*, que dans les éditions d'après 1950.

C'est sans doute dans *Language and Thougt* (1re éd., 1939; 2e éd., Londres, Allen & Unwin, 1961), du philosophe américain Urban, que la traduction conquiert la dignité de problème philosophique à part entière : elle a droit à une réflexion spécifique de trois pages (236-238) et à un Appendice de cinq (II, pp. 736-740). Les linguistes de l'époque y sont consultés : Gardiner, Jespersen Vossler, surtout Sapir; et plus encore Bronislaw Malinovski, lequel avait donné en 1923 un appendice remarquable : « The Problem of Meaning in Primitive Languages » dans *The Meaning of Meaning* d'Ogden et Richards (pp. 296-336 dans la 8e éd., 1946). Les problèmes centraux : traduisibilité totale ou intraduisibilité totale (ou partielle) y étaient déjà bien posés comme dépendant, soit des structures différentes des langues (obstacle linguistique), soit des réalités psycho-socio-ethnologiques différentes (obstacle culturel).

EUGENE A. NIDA

Après la deuxième guerre mondiale, l'étude scientifique des problèmes de la traduction reçut une première et considérable impulsion : de la rencontre des besoins nés de la traduction de la Bible, qui tournait alors entre 800 et 1 000 langues (autour de la puissante *American Bible Society*), avec un directeur des services de traduction véritablement linguiste, E. A. Nida. La suite de ses travaux, articles ou volumes, depuis 1951, constitue une anthologie inégalée de problèmes et de solutions, proprement formulés du point de vue linguistique. On consultera surtout *Toward a science of Translating* (Leyde, Brill éd., 1963) qui est, à sa date, une somme.

VINAY ET DARBELNET (1958)

A la même époque, de la même conjonction entre un besoin pratique et des linguistes, naît probablement la première « Méthode de traduction » fondée sur une analyse scientifique : *La stylistique comparée du français et de l'anglais* (Paris, Didier). Sous ce titre discret, les auteurs ont rassemblé des analyses et une expérience également précieuses, pour répondre aux besoins qu'avait le Canada, à cause de son statut linguistique. L'obligation de publier des textes légaux, juridiques et gouvernementaux, de caractère officiel, en deux langues constitutionnellement égales, avait provoqué le développement d'un Bureau des Traducteurs, organisme fédéral, qui mobilise près d'un millier de spécialistes de haut niveau. Afin de former des traducteurs qualifiés, Vinay et Darbelnet dégagent des règles indiquant « ce qu'il faut faire » pour bien traduire, alors que presque toutes les réflexions antérieures de traducteurs étaient des collections d'exemples de « ce qu'il ne faut pas faire ». Ils mettent en évidence, en face du mot à mot toujours condamné par intuition, la notion systématique d'*unité de traduction*, c'est-à-dire de groupes ou syntagmes dont la traduction se fait en bloc, parce qu'ils forment de véritables unités de sens.

Ils discernent et classent sept solutions à tout problème de traduction. L'emprunt (solution désespérée, mais solution quand même) consiste à ne pas traduire le mot de la langue-source, surtout quand il correspond à une chose qui n'existe pas dans la culture de la langue-cible, quitte à l'expliciter par le contexte ou par une note : c'est ainsi qu'une foule de mots comme *sauna*, ou *chich-kebab*, ou *merguez* entrent en français, se francisent même (qui pense encore à *redingote* ou à *détective* comme à des mots anglais ?). Le calque consiste à traduire la forme étrangère : *rouleaux de printemps* (calque lexical du mot chinois), *si vous pensez cadeaux... pensez Mikado* ® (calque de la syntaxe du verbe anglais). La traduction mot à mot est le cas idéal assez peu fréquent, même pour des langues voisines : *l'opinione pubblica non crede que gl'invasori possano trionfare* = « l'opinion publique ne croit pas que les envahisseurs puissent triompher ». La transposition rend une « partie du discours » par une autre, sans perte ni gain sémantique : fr. *l'art de la traduction* > it. *l'arte del tradurre* > angl. *the science of translating* (l'italien et l'anglais ont une forme verbale infinitive au lieu du nom français *traduction*); ou encore : *to jump across* > *franchir d'un bond*. La modulation traduit la même réalité non linguistique mais en se plaçant à un point de vue différent : angl. *do not enter* > fr. *sens interdit*. L'équivalence décrit le contenu de cette même réalité non linguistique donnée, sans aucun recours à des analogies linguistiques : angl. *a far-fetched hypothesis* > fr. *une hypothèse tirée par les cheveux*. L'adaptation rend une situation-source inconnue dans la langue-cible par référence à une situation analogue : russ. *un village à la Potemkine* > fr. un *village d'opérette*, ou *un village en carton-pâte*; russ. *aussi fou qu'un Martynov* (personnage d'un roman célèbre) > fr. *fou à lier*.

FEDOROV (1950) ET CARY (1956)

Toujours à la même époque, où le développement des relations et des organisations internationales suscite celui des écoles d'interprètes et de traduction et voit la naissance de leurs associations nationales, des traducteurs entreprennent de décrire et de classer les types de traduction. Mignard-Bielorucev marque bien les différences entre traduire et interpréter, qu'avait déjà bien analysées Jean Herbert. Il sépare l'interprétation consécutive (avec sa variante dite « à vue » ou « à livre ouvert », quand l'interprète dispose d'un texte écrit diffusé d'avance) de la simultanée (avec sa variante chuchotée). Andrei V. Fedorov (*Vvedenie v teoriju perevoda*, Moscou, 1954, 2e ed. 1958) et Edmond Cary (*La traduction dans le monde moderne*, Genève, Georg éd., 1956) s'attachent surtout aux exigences spécifiques de la traduction selon les domaines où elle s'exerce : traduction diplomatique ou parlementaire, juridique, administrative, scientifique et technique, journalistique, littéraire, poétique, théâtrale, religieuse, cinématographique (avec les différents doublages), sans oublier celle de la littérature enfantine.

JOHN C. CATFORD (1965)

La plus récente tentative de synthèse est le petit volume de Catford, *A Linguistic Theory of Translation (an Essay in Applied Linguistics)* (Londres, Oxford University Press, 2e éd., 1967). Sans peut-être apporter linguistiquement beaucoup de neuf, il présente un tableau systématique des faits linguistiquement acquis en matière de traduction. L'équivalence textuelle n'est presque jamais réalisée par la correspondance formelle, soit mot à mot, soit structure à structure (c'est la condamnation du mot à mot). Cette équivalence porte sur des segments variables qui sont déterminés par commutation (c'est l'idée des « unités de traduction »). Les différences de découpage de la réalité selon les langues, soit sur le plan lexical, soit sur le plan syntaxique, font que la relation formelle et sémantique entre *livre* et *livres* n'est pas la même en français qu'en arabe où *kitab* (sg.) s'oppose à *katib* (plur.), et de plus à *kitabin* (duel). Les relations sémantiques ne sont pas les mêmes entre *fraise, framboise, groseille à maquereau, cornouille, mûre (de ronces), canneberge, prunelle, mûre (de mûrier), airelle* ou *myrtille, grenette,* qu'entre *strawberry, raspberry, gooseberry, dogberry* ou *loganberry, cranberry, sloeberry, mulberry, bilberry* ou *wortleberry* et *frenchberry* que leur contexte en *-berry* apparente linguistiquement. Il n'est pas facile de traduire en français les pronoms du bahasa (Indonésie), qui distingue, aux 1re et 3e personnes du singulier, entre forme familière et forme non familière, à la 1re personne du pluriel entre forme inclusive (nous = toi ou vous + moi) et forme exclusive (nous = moi + lui, mais pas toi ou vous), et qui n'a pas de genre (il = elle, ils = elles). Carford conclut cependant, comme tout le monde, que si « les unités de la langue-source et celles de la langue-cible ont rarement les mêmes significations [...]

elles peuvent fonctionner dans les mêmes situations » (ouvr. cit., p. 49).

Bien que la traduction automatique ait donné, de 1950 à 1965, une impulsion vigoureuse aux recherches en linguistique, elle n'a produit que peu de choses en matière de traduction proprement dite. Après 1965, les publications se sont raréfiées. Dans l'une des dernières parmi les notables (*Machine Translation*, Amsterdam, North-Holland Publishing Cº, 1967), qui fait le point pour quelques équipes de recherche survivantes, A. D. Booth écrit : « Les espérances de traduction parfaite étaient non seulement irréalistes en théorie, mais désespérément irréalistes en termes de prix de revient » (ouv. cit., p. VIII). Il plaide, plus modestement, pour l'étude de processus de traduction où l'homme soit aidé par les calculatrices.

Ce qui semble acquis aujourd'hui, même si ce n'est pas net en tous les esprits ni mis à sa place, qui est la première, c'est que les difficultés, voire la quasi-impossibilité de traduire relèvent de deux sortes de causes : d'ordre culturel (il s'agit de faire passer la saisie de certaines réalités non linguistiques d'une culture dans une autre), et d'ordre proprement linguistique (passer des formes, souvent spécifiques, d'une langue, aux découpages souvent différents d'une autre). Le cas de la traduction des textes du passé n'est qu'un aspect différent de la difficulté d'ordre culturel : il s'agit alors de faire voyager le lecteur, non dans l'espace mais dans le temps. La philologie est un cas particulier de l'ethnologie.

L'obstacle culturel explique, par exemple, combien il est difficile de traduire certaines enquêtes d'ordre érotique provenant de tribus mélanésiennes (Malinovski) sans un énorme appareil de description ethnographique, de notes, de commentaires qui rendent compte de la différence des attitudes et des comportements par rapport à nous. Mais, paradoxalement, c'est à travers cette difficulté même qu'on aperçoit la possibilité de traduire, et que l'on comprend le fait qu'il soit toujours possible de *commencer* à traduire au moins une partie du texte : il y a en effet des universaux culturels — ici le substrat biologique universel de tout érotisme — qui sont d'abord saisissables et toujours transférables. Quand un Egyptien d'il y a trois mille ans fait dire à celle qu'il aime : « Je veux te laisser voir mes beautés dans ma robe de plus fine toile, quand elle est mouillée. Je descends dans l'eau avec toi et j'en ressors avec toi, avec un poisson rouge, qui est beau entre mes doigts », nul besoin de glose égyptologique, ni de convoquer Sade ou Freud ou Georges Bataille. C'est la présence de ces universaux substantiels (dans tout texte de valeur) qui explique que ceux qui ont lu Homère, ou Dante, ou Lermontov, ou Eluard dans une traduction ont eu accès à une partie, variable mais toujours importante, du texte.

L'obstacle proprement linguistique, ainsi qu'on l'a vu, peut être tourné de sept façons différentes, avec succès puisque, selon le mot de Jakobson, les langues diffèrent, moins par ce qu'elles peuvent dire (toutes peuvent tout dire, plus ou moins économiquement certes) que par ce qu'elles doivent dire (on peut, en y mettant le prix linguistique, traduire un traité de physique atomique en peul ou en bambara).

Le vrai problème est celui de la traduction de ces messages très particuliers que sont la littérature et la poésie : on peut traduire les structures linguistiques, mais les structures métriques et stylistiques, ou poétiques ? Ici, la linguistique actuelle est enfin en mesure de fournir un commencement de réponse positive. Une structure n'a d'intérêt que dans la mesure où elle a une fonction, c'est-à-dire si elle est pertinente. Pour traduire un poème, par conséquent, le problème n'est pas de traduire forme à forme, structure à structure; ce qu'il faut traduire c'est la ou les fonctions poétiques du texte, c'est-à-dire le ou les effets qu'il produit. C'est la poésie du texte qu'il faut traduire et non sa forme — ou bien sa forme dans la mesure où l'on peut montrer qu'elle est liée à un effet. Toute inversion, tout enjambement, toute césure, tout alexandrin ne sont pas forcément toujours esthétiquement pertinents.

Ce qui complique les choses, c'est que les formes régulières (l'octosyllabe, le quatrain à rimes embrassées, la stance à clausule de six pieds, etc.) ont une résonance culturelle, qui fait partie du plaisir d'un poème par allusion prestigieuse : nul doute qu'à travers les plus beaux vers de Valéry nous ne goûtions aussi des échos de La Fontaine, de Racine, de Baudelaire quelquefois, de Mallarmé. Ces connotations culturelles ne sont pas toujours, peut-être pas souvent, transférables. Ceci illustre bien le fait que la traduction n'est pas une essence métaphysique mais une opération humaine, avec ses limites, ses efforts, ses succès, son histoire (qui est celle d'un accroissement de la traduisibilité). La traduction n'est pas justiciable d'une loi du tout ou rien. C'est toujours, et c'est seulement, la recherche acharnée de l'équivalent le plus approché d'un message qui passe d'une langue à une autre; et, à cet égard, l'une des plus belles victoires de la difficile communication entre les hommes. [1]

---

[1] Ce texte a été publié sous la forme de l'article Traduction dans L'*Encyclopaedia Universalis*.

III. LA TRADUCTION LITTERAIRE

LA NOTION DE QUALITE
EN MATIERE DE TRADUCTION
LITTERAIRE

Jusqu'ici nous n'avons disposé, sur ce problème de la qualité en matière de traduction, que de témoignages. Et certains, dès avant saint Jérôme, étaient instructifs. Mais, dans les cas les meilleurs, ils proposaient ou codifiaient des impressions générales, des intuitions personnelles, des inventaires d'expériences et de recettes artisanales. En rassemblant, chacun selon son gré, toute cette matière, on obtenait un empirisme de la traduction, jamais négligeable, mais un empirisme tout de même.

L'accroissement du nombre des traducteurs et du besoin qu'on a d'eux, l'accroissement des exigences des publics aussi, l'accroissement du sens des responsabilités des traducteurs eux-mêmes, leur organisation dans des sociétés nationales et dans une fédération, la vie collective et les contacts que ces organismes impliquent, tout amène l'activité traduisante à devoir et vouloir sortir de l'âge empirique. Elle essaie donc, et sans prétention, de se considérer (sans doute pour la première fois) comme une activité spécifique, avec son objet, ses démarches et ses problèmes — et cela d'un regard enfin scientifique. Deux ouvrages, à quelques années d'intervalle, ont réclamé pour la traduction ce statut d'objet distinct d'étude scientifique. En 1953, l'*Introduction à une théorie de la traduction*, de Fédorov, invite à incorporer l'étude de la traduction dans l'ensemble des disciplines linguistiques. En 1958, Vinay et Darbelnet, dans leur *Stylistique comparée du français et de l'anglais*, déclarent que « ce serait faire à la traduction le plus grand tort que de la classer sans examen parmi les arts », et proposent « l'inscription normale de la traduction dans le cadre de la linguistique » [1].

Cette candidature, que la traduction pose, à figurer dans un traité de linguistique générale — au même titre que le bilinguisme et le contact de langues, la géographie linguistique ou l'étymologie — pose une double question préjudicielle, tout à fait légitime : il y a des traducteurs qui ne voudront sans doute pas renoncer à définir la traduction comme un art; et des traducteurs, souvent les mêmes, qui contesteront que la traduction doive être considérée comme une opération relevant strictement de la linguistique.

C'est la position d'Edmond Cary qui, dans plusieurs de ses travaux, met l'accent sur le fait que la définition de Fédorov « résiste mal à l'épreuve des faits » [2] : la traduction n'est qu'une opération ni totalement scientifique, ni totalement linguistique. Elle est, dit Cary, « une opération *sui generis* » [3], il faut donc l'étudier comme telle, dans toute sa complexité, sous tous ses aspects, peut-être irréductibles

[1] Paris, Didier, 1958, p. 23.
[2] E. Cary, *Comment faut-il traduire ?* Cours polycopié de l'Université radiophonique internationale, Paris, 1958, leçon I, p. 1.
[3] *Id., ibid.*, p. 4.

à l'unité d'une définition scientifique : la traduction littéraire est une opération littéraire, comme la traduction
poétique est une activité poétique, et comme le doublage
cinématographique est une activité cinématographique.

En fait, ces vues nient moins la thèse de Fédorov qu'elles
ne la complètent à juste titre : la traduction (littéraire) n'est
pas *seulement* une opération linguistique, qui puisse être
épuisée par l'analyse scientifique des problèmes de lexique,
de morphologie et de syntaxe. Lorsqu'Edmond Cary, pour
libérer la traduction d'une inféodation totale à la linguistique, s'appuie sur le fait que « les linguistes eux-mêmes
tendent à s'éloigner des conceptions étroitement formelles
de naguère pour concevoir la langue et ses différentes composantes comme autant de faits liés à tout un contexte
culturel et se dissolvant en lui »[4], nul ne le contredira
parmi les linguistes. On lui répondra seulement que, pour
des raisons méthodologiques, à côté de la linguistique
interne (étude des structures lexicales, morphologiques,
syntaxiques) il faut considérer — mais distinguer scrupuleusement — la psychologie linguistique, ou psycholinguistique, et la sociologie linguistique, ou sociolinguistique
(englobant ainsi toute l'anthropologie culturelle, et tout ce
que nous appelons la « civilisation », qui sous-tend une
œuvre littéraire). D'autre part, en distinguant la linguistique
proprement dite (étude des structures qui constituent le
code, ou système de communication, d'une langue) d'avec
la stylistique (étude de ses moyens propres d'expression, des
plus socialement figés jusqu'aux plus génialement individuels), les linguistes eux-mêmes indiquent le passage de la
linguistique à l'esthétique. Ils suggèrent eux-mêmes la
réponse à notre question préjudicielle : la traduction,

[4] *Id., ibid.*, p. 5.

comme l'architecture ou la médecine (ou tant d'autres activités humaines ayant pour objet l'homme) est, ou peut être, ou doit être à la fois une science et un art : un art sous-tendu par une science. C'est la linguistique elle-même qui nous enseigne le plus clairement que les opérations de traduction comportent à la fois des problèmes linguistiques et des problèmes non linguistiques (extra-linguistiques, ou comme on dit, à tort : métalinguistiques). Etudier la qualité dans la traduction littéraire, c'est donc poser deux questions, proposer deux enquêtes, l'une de linguistique au sens le plus large du mot, l'autre d'esthétique.

Mais, si nous voulons nous délivrer de tout impressionnisme et de tout subjectivisme en étudiant ces deux questions, si nous voulons renoncer aux généralités et aux banalités, comme aux formulations péremptoires indémontrées, nous gagnerons à nous laisser conduire en premier lieu par le courant qui nous emporte vers une analyse scientifique des opérations et des faits de traduction. Nous y gagnerons de mettre de l'ordre dans le détail d'une recherche où, jusqu'ici, il n'y en a guère eu. Nous y gagnerons d'introduire une méthode à la place de nos impressions, de mettre un classement dans nos expériences. Nous y gagnerons aussi de trouver toute prête une terminologie soigneusement définie, malgré bien des désaccords : celle de la linguistique. Tout cela, certes, n'est qu'un commencement, nous devrons modifier probablement cet ordre, perfectionner cette méthode, refaire ce classement. Mais nous aurons assis la démarche scientifique qui permettra d'analyser toujours plus objectivement notre activité traduisante. Nous aurons appliqué finalement le *Discours de la méthode* en matière de traduction.

Nul doute que cette analyse méthodique de l'activité traduisante ne nous amène à des idées plus exactes, et donc plus efficaces, au sujet de ce qu'il faut entendre par la qualité d'une traduction littéraire. C'est à ce traitement cartésien que Vinay et Darbelnet viennent de soumettre la traduction, dans l'ouvrage cité, dont le sous-titre est, peut-être pour la première fois dans l'histoire de notre discipline : *Méthode de traduction*.

Cette méthode, écrite à la lumière de la linguistique de Saussure et de la stylistique de Bally, permet déjà de mesurer ce qu'apporte une analyse scientifique à notre problème de la qualité. La linguistique d'aujourd'hui répond avec précision, sur le plan scientifique, à cette question fondamentale : que doit-on traduire — c'est-à-dire *faire passer* d'une langue à l'autre — dans un texte (pour atteindre le plus totalement possible l'objectif premier, la qualité première d'une traduction : la fidélité totale à tout le texte) ?

La vieille réponse c'est qu'il faut traduire le texte, rien que le texte, et tout le texte. Réponse intuitive, et très fine. Mais c'est la linguistique contemporaine qui répond par une analyse exhaustive à cette autre question qui naît de la première : qu'est-ce que *tout* le texte ? De quoi se compose la totalité du message transmis par un texte ?

La vieille intuition de tous les bons traducteurs a répondu depuis longtemps : c'est le contexte. Mais qu'est-ce que le contexte ? La vieille notion de contexte est assez claire : le contexte, c'est l'ensemble des indices qui, dans la totalité d'un texte donné, en éclairent une des parties. Sans contexte, impossible de traduire : *le mécanicien n'a rien vu.*

Mais la notion de contexte est devenue figurée, et il a fallu inventorier ces sens figurés. Le contexte d'une page de roman, c'est ce roman. Mais il existe un contexte de ce roman, qui est la totalité de l'œuvre du romancier. Mais il existe un contexte de ce romancier, c'est la totalité des œuvres des romanciers, mettons, français, ses contemporains. Puis un contexte de ces romans français contemporains; c'est l'ensemble international des romans contemporains, dans lequel a baigné l'auteur. Puis l'ensemble des romans à travers les siècles, et de la littérature à travers les siècles — dans la mesure où ils sont impliqués dans une seule page d'un seul auteur, ne serait-ce que par une allusion. Mais à côté de ce contexte proprement linguistique qui se dilate déjà tellement, le contexte de notre page de roman, c'est aussi son « contexte » géographique d'une part — le lieu du roman —, son « contexte » historique de l'autre — le siècle, et même le demi-siècle, et même la décennie. Et ce contexte historique inclut tout un « contexte » social, et tout un « contexte » culturel, celui qu'opposait à Fédorov Edmond Cary : « Le contexte linguistique ne forme que la matière brute de l'opération [traduisante] : c'est le contexte, bien plus complexe, des rapports entre deux cultures, deux mondes de pensée et de sensibilité, qui caractérise vraiment la traduction. » [5] En bref, et de cercle en cercle, le contexte, parti d'un *corpus* de deux ou trois cents mots, s'élargit jusqu'au contenu, dans l'espace et dans le temps, de toute une civilisation.

C'est pour distinguer nettement ces notions, trop figurées (de contexte géographique, historique, social et culturel) que la linguistique est amenée à proposer d'autres définitions, plus nouvelles, et plus précises. D'abord la notion du *message*, comme « l'ensemble des significations de l'énoncé, reposant essentiellement sur une réalité extralinguistique » [6] (géographique, historique, sociale, culturelle). Notion dont le corollaire est que « la totalité du message est plus grande

---

[5] *Id., ibid.*, p. 6.
[6] Vinay et Darbelnet, ouvrage cité, p. 159.

que la simple somme des signes [linguistiques] qui le composent ». [7] Réservant la notion de contexte à tous les renseignements que fournit explicitement le texte (écrit, littéraire), la linguistique nomme *situation* tous les renseignements géographiques, historiques, sociaux, culturels, qui ne sont pas toujours inclus dans l'énoncé linguistique, et qui sont pourtant nécessaires pour une traduction complète de la totalité du message contenu dans cet énoncé. Pas de qualité dans une traduction sans la fidélité la plus totale possible, donc au contexte d'abord, ensuite à la situation.

C'est la linguistique aussi qui nous a donné l'analyse exacte de toutes les « langues » différentes qu'il y a dans une même langue, qui ne se confondent pas, que ni la situation ni le contexte ne révèlent toujours. La langue vulgaire, argotique ou populaire. La langue commune, elle-même familière ou soutenue (langue écrite), ou littéraire, ou poétique. Les langues techniques, argots de métiers, jargons professionnels et terminologies scientifiques. C'est à la linguistique que nous devons d'avoir pris conscience de tous ces « registres » d'une même langue, qui nous expliquent pourquoi ce n'était jamais satisfaisant de traduire Homère dans la langue de Racine, ou Shakespeare dans celle de Voltaire. C'est la linguistique, et sa fille la stylistique, qui nous enseignent qu'il n'y a pas de qualité dans une traduction non plus, s'il n'y a pas la fidélité la plus totale possible à ces registres de langue, aussi bien qu'au texte, puis au contexte, puis à la situation.

Il suffira d'avoir esquissé ce tableau pour mesurer tout le chemin parcouru depuis le temps, pas tellement lointain, où la fidélité d'une traduction signifiait le mot à mot, le mot pour mot — synonyme d'infidélité facile à démontrer,

[7] *Id., ibid.,* p. 29.

vis-à-vis de la totalité du message inclus dans l'énoncé. C'est l'analyse linguistique qui a relevé (jusqu'au niveau de qualité que nous concevons aujourd'hui) la notion décriée et moquée de fidélité dans la traduction. Traduire est aujourd'hui non seulement respecter le sens structural, ou linguistique, du texte (son contenu lexical et syntaxique), mais aussi le sens global du message (avec son milieu, son siècle, sa culture, et, s'il le faut, la civilisation toute différente dont il provient).

C'est l'analyse linguistique aussi qui nous permet d'essayer de résoudre aujourd'hui tous les problèmes que nous pose cette définition toute nouvelle, et tellement ambitieuse, de fidélité des traductions. Le vieux débat, c'était qu'on ne pût obtenir la qualité (on disait la beauté) qu'aux dépens de la fidélité, conçue comme servitude au texte littéral. Analysant, dans le message global d'un texte, beaucoup d'informations que ne décèle pas son sens littéral, on apporte à la traduction des justifications scientifiques pour des procédés qui semblaient des « infidélités ». La traduction n'est plus conçue seulement comme le respect de la forme linguistique (traduction littérale, ou fidèle), ou bien seulement comme le respect du fond (traduction libre, infidèle), mais comme la translation aussi exacte que possible « du rapport exact entre la forme et le fond de l'original »[8], ainsi que le souhaitait Cary. C'est pourquoi Vinay et Darbelnet peuvent distinguer sept procédés licites pour effectuer la translation du rapport exact entre la forme (linguistique) et le fond (linguistique, contextuel, et situationnel) d'un texte. D'abord l'emprunt (comblement d'une lacune par l'importation du mot étranger : *bulldozer*). Puis le calque (copie mot pour mot de la forme étrangère : *un économiquement faible*).

[8] *Traduction et poésie*, dans *Babel* III, (1957).

Puis la traduction littérale. Mais aussi la transposition (traduction du texte en violant le prétendu génie de la langue incarné dans les parties du discours. « He swam *across* the river », par un chassé-croisé, donne : « Il *traversa* la rivière à la nage »). Puis modulation (traduction par un changement de point de vue sur une même situation. « Jusqu'à la dernière page » devient : « From cover to cover »). Puis encore l'équivalence (qui traduit cette fois une situation par une autre situation, parfaitement égale. « Comme un chien dans un jeu de quilles » équivaut rigoureusement à « *Like a bull in a china shop* »). Enfin l'*adaptation* (qui traduit une situation par une situation analogue, ou voisine seulement. « Pour prendre un exemple, disent Vinay et Darbelnet, on peut citer le fait pour un père anglais d'embrasser sa fille sur la bouche comme une donnée culturelle qui ne passerait pas telle quelle dans le texte français [sans constituer un énorme contresens]. Il s'agit simplement d'un bon père de famille rentrant chez lui après un long voyage. » « *He kissed his daughter on the mouth* », adapté, deviendra : « Il serra tendrement sa fille dans ses bras »). C'est parce que la linguistique, au sens large du terme, a mis en évidence, derrière l'énoncé linguistique, un contexte, une situation, tout un message global, que ces procédés, connus (mais empiriquement), pratiqués (mais critiqués, mais honnis), peuvent rentrer la tête haute dans une *méthode* scientifique *de traduction*.

Jusqu'ici nous n'avons considéré qu'une composante de la qualité en matière de traduction : la fidélité — et d'un seul point de vue : le point de vue scientifique, informé par la linguistique contemporaine. Il resterait à passer du moment où la traduction est une opération linguistique à celui où elle devient une opération littéraire; à définir, au moins, la seconde composante de la qualité en fait de traduction : la composante esthétique, la beauté « littéraire ».

Ce sera moins facile, parce que l'esthétique est une science beaucoup moins sûre de son objet, de ses méthodes et de ses résultats que ne l'est la linguistique. Si l'on fait une revue de tout ce qui s'est dit sur la question, que trouve-t-on ? Les auteurs exigent tout d'abord de la traduction littéraire, sous le nom de qualité littéraire, tout ce que la linguistique y réintroduit scientifiquement sous le nom de fidélité linguistique au texte, au contexte, au registre de langue, à la situation géographique, historique, sociale et culturelle. Ceci réclamé — que nous venons nous aussi d'inclure dans la qualité d'une traduction littéraire, mais au nom de la linguistique — il suffit d'ajouter que, de plus, « pour traduire les poètes, il faut savoir se montrer poète »; et que, pour traduire un texte littéraire, le traducteur « doit... avoir du style, ne jamais être plat, terne, impersonnel » [9]. Et c'est vrai : ces brèves formules résument tout ce qu'il faut. Mais comment faire ? Si l'on savait répondre, on enseignerait le talent littéraire, ou poétique, dans toutes nos écoles.

On peut seulement se hasarder à indiquer ce qu'il ne faut pas faire. Ecartons à la fois l'infidélité et la *surtraduction*, qui sont des fautes justiciables de la linguistique; écartons

---

[9] E. Cary, *La Traduction dans le monde moderne*, Genève, Georg éd., 1956, p. 75 et E. Cary, *Traduction et poésie*, dans *Babel*, III, 1 (1957) p. 25.

aussi l'adaptation libre qui, quand elle ne dit pas son nom mais se présente comme une traduction, n'est qu'une contrefaçon. Quel est le péril majeur pour un traducteur sur le plan littéraire ? Ce sont les *disparates*, c'est-à-dire le manque d'unité de langue, dans le texte en langue d'arrivée. Passer, sans s'y trouver contraint par l'original, et dans un même texte, de la langue de Voltaire à celle de Rabelais pour aboutir à celle de Stendhal par exemple. Ou bien passer, tandis que l'original reste en *literary standard English*, du style soutenu à la langue populaire ou même vulgaire. Ou bien résoudre toutes les difficultés de la traduction, l'une après l'autre, dans n'importe quel registre de langue, sans tenir compte du registre de l'original.

Et dès qu'on traduit des textes qui ne sont pas contemporains, ni ne proviennent de la même civilisation que la nôtre, cette règle de l'unité de langue et cette condamnation des disparates enjoignent qu'on choisisse un *registre de translation*, puis qu'on s'y tienne. Prenant le cas d'un traducteur en français, nous nous trouvons en effet devant deux registres de translation fondamentaux, distincts, incompatibles dans la même œuvre : le choix de l'un d'entre eux commande toute l'exécution d'une traduction comme *unité de style* :

Ou bien « franciser » le texte, en décidant de le transmettre au lecteur comme si c'était un texte écrit directement en français, par un Français, pour des Français contemporains : ce qui peut impliquer de « décolorer » toutes les étrangetés de la langue étrangère, du siècle différent, de la civilisation lointaine (les transposer, les moduler, en chercher des équivalences, ou des adaptations).

Ou bien « dépayser » le lecteur français, décidant de lui faire lire le texte sans qu'il puisse oublier un seul instant qu'il est devant une autre langue, un autre siècle, une autre civilisation que les nôtres. [10]

L'un et l'autre de ces deux partis pris fondamentaux peuvent être également légitimes, selon les cas. Le seul crime littéraire c'est, dans la même œuvre, de passer (sans raisons dictées par l'original) de l'un à l'autre. A suivre ces règles, on n'aura peut-être pas acquis de talent, ni de style : on aura du moins fait tout ce qu'on peut pour ne pas défigurer ceux de l'original. [11]

[10] On peut mesurer l'impréparation culturelle de beaucoup de savants remarquables, lorsqu'il s'agit de traduction, quand on voit Michel Foucault lui-même, esprit pourtant si vaste, persuadé que la traduction de l'*Enéïde* par Pierre Klossovski (Gallimard, 1964) « veut faire ce qui n'a jamais été fait : maintenir visible l'ordonnance poétique de l'emplacement, en conservant dans un léger retrait, mais sans qu'ils soient jamais rompus, les réseaux nécessaires de la syntaxe » (*L'Express,* 24 août 1964, pp. 21-22). C'est Paul-Louis Courier traduisant *Daphnis et Chloé,* c'est Leconte de l'Isle traduisant l'*Iliade,* c'est Mallarmé traduisant *Le corbeau* (entre bien d'autres).

[11] Ce texte a été publié dans les *Proceedings of the IIIrd Congress of the International Federation of Translaters,* Oxford, Pergamon Press, 1963, pp. 50-57.

POURQUOI LA TRADUCTION AUTOMATIQUE EXCLUT LES TEXTES LITTERAIRES
(1963)

Le lecteur des publications concernant les machines à traduire ne peut pas ne pas être frappé par l'insistance avec laquelle, dans ce domaine, les auteurs écartent (en général) de leurs préoccupations toute traduction de caractère littéraire. Elles permettent ainsi d'étudier comment se trouve utilisée en linguistique appliquée cette notion de linguistique pure qu'on a dégagée sous le nom de connotation. Finalement, ces déclarations posent au linguiste un nouveau problème, que la linguistique bloomfieldienne a laissé dans l'ombre : celui des rapports entre *valeurs connotatives* et *valeurs esthétiques* dans les faits de langage.

Un certain nombre de ces textes, qui écartent décisoirement les œuvres littéraires du domaine des machines à traduire, sont déjà des déclarations anciennes. Elles émanent, soit de traducteurs expérimentés, soit de chercheurs, et reflètent en quelque sorte une expérience tout empirique de la complexité des faits de traduction — l'intuition d'une séparation réellement profonde entre langue scientifique et technique d'une part, langue littéraire d'autre part. C'est ce que dit (en 1955) Warren Weaver — le promoteur, en Occident, des travaux sur les machines à traduire : « Nul être raisonnable ne pense qu'une traduction par la machine puisse jamais atteindre à l'élégance et au style. Pouchkine n'a rien à craindre. Et le genre de questions qui se posent à propos de la traduction de la Bible continuera de requérir au moins cinquante doctes [comme au temps du Roi Charles] »[1]. Ingve, l'animateur de l'équipe du Massachusetts Institute of Technology, dit la même chose, de la même manière, en 1956 : « Dans l'avenir, nous aurons peut-être des machines pour nous aider à porter l'énorme fardeau qui charge nos épaules du fait des barrières entre langues. [Mais] dans la mesure où la traduction est un art, exigeant du traducteur l'exercice de ses plus hautes facultés créatrices, des inventions techniques seront probablement d'un maigre secours »[2]. Ou bien : « La traduction d'ouvrages littéraires [...] exige beaucoup plus que des processus mécaniques soigneusement mis au point. Elle exige que le traducteur soit aussi compétent comme artiste que l'auteur de l'original. Cette espèce de traduction doit toujours être confiée à l'être humain »[3]. Cary, du point de vue des traducteurs les plus qualifiés, pense la même chose, en 1957 : « Ces monstres, écrit-il à propos des machines à traduire, ne supprimeront du reste pas les modestes traducteurs *artisanaux*, littéraires ou non. La machine ne

[1] Weaver, Warren - « Foreword », dans : *Machine translation of languages*. N.Y., Wiley & Sons, London Chapman & Hall, 1955, p. VII.

[2] Ingve, V. H. : « The outlook for mechanical translation », dans *Babel*, v. II, n° 3 (1956), p, 99.

[3] Ingve, V. H. : « Terminology in the light of research on mechanical translation », dans *Babel*, v. II, n° 3 (1956), p. 99.

pourra jamais traduire la poésie, ni la belle littérature » [4]. Il le répète en 1958 : « Conçue pour un certain genre de traduction, la machine ne fait strictement que celui-là. Elle exige la précision absolue dans la donnée initiale, et une conformité parfaite avec le plan de travail qui lui a été imposé. En dehors de toute question de vocabulaire spécial à telle technique plutôt qu'à telle autre, il est des régions interdites d'office à la machine. Elle ne peut s'aventurer dans aucune espèce de traduction artistique » [5].

Il n'est pas exclu que de telles déclarations, dans l'esprit de leurs auteurs, aient eu plutôt valeur tactique, que valeur scientifique; et ceci doublement. D'abord, il s'agissait d'apaiser les inquiétudes et de désarmer les préventions des traducteurs concernant ces machines qui menaçaient leur gagne-pain. Cette optique est sensible chez Cary, porte-parole d'un organisme international de traducteurs; encore plus chez Paulo Rónai [6]; même, elle devient explicite pour l'article d'Ingve [7] sur l'avenir des machines à traduire, article qui lui fut demandé par la Chambre Belge des Traducteurs, Interprètes et Philologues, en réponse à celui d'un hebdomadaire, paru sous ce titre flamboyant : *Oui, la machine peut remplacer les traducteurs* [8]. Du côté des

---

[4] Cary, Edmond : « De l'abbé Gédoyn à Saint-Jérôme City », dans *La Parisienne*, avril 1957, p. 432.

[5] Cary, Edmond : *La traduction dans le monde moderne*, p. 160.

[6] Voir son ouvrage *Escola de tradutores*, Rio de Janeiro : Livraria ... José, 2e éd., 1956, au chapitre « A maquina de traduzir », pp. 87-91.

[7] Publié d'abord dans *Le linguiste*, no 1 (1956), pp. 5-7, sous le même titre que dans *Babel*, v. II, no 3 (1956), pp. 99-101.

[8] Dans *Les Nouvelles Littéraires*, no 1492 (5 avril 1956). L'auteur était Th. de Galiana. L'article, plus nuancé que le titre conclut sur la possibilité de traduire des textes scientifiques et techniques et l'impossibilité de traduire des textes littéraires.

chercheurs, on sent aussi que beaucoup de prises de position (sur l'impossibilité de traduire avec une machine des textes littéraires) sont déterminés par le désir de ne pas outrepasser les possibilités actuelles, et de marquer l'ordre des urgences en remettant à plus tard l'examen des problèmes touchant les textes littéraires. Cette attitude de réserve scientifique, soucieuse d'aborder les difficultés l'une après l'autre, était déjà perceptible dans la première lettre-mémorandum de Weaver, en 1947 : « Même si [la traduction par machine] traduisait seulement des textes scientifiques, (où les difficultés sémantiques sont notablement bien moindres), et même si elle ne produisait réellement qu'un résultat inélégant (mais intelligible), cela me semblerait en valoir la peine [9] ». C'est le son rendu par cette conclusion de Brandwood, au terme d'un exposé sur un programme anglais-français : « Le programme se montrera capable de fournir une traduction convenable de toute prose française qui n'ait pas de prétentions littéraires — par exemple les publications scientifiques, pour lesquelles en fait un tel programme est *en premier lieu* conçu » [10]. Booth, animateur de l'équipe anglaise à laquelle est attaché Brandwood, exprime la même opinion : que la machine pourra produire « une traduction dans laquelle le résultat final est supposé n'avoir aucune prétention à la qualité littéraire » [11]. Chez lui cependant, le caractère provisoire de cette attitude est plus sensible encore : « La question de faire passer un chef-d'œuvre de littérature (poursuit-il)

[9] Weaver, W. : « Translation », dans *Machine translation of languages*, p. 18.
[10] Brandwood, L. : « The translation of a foreign language by machine », dans *Babel*, v. II, n° 3 (1956), p. 118.
[11] Booth, D. : « Historical introduction » dans *Machine translation of languages*, p. 11.

écrit en langue étrangère, dans une traduction digne de respect, est une question d'une grande difficulté. On a soutenu l'opinion extrême qu'une telle opération n'est généralement pas possible même pour un spécialiste humain, et, par conséquent, encore moins pour une machine. Cette vue nous semble ultra-pessimiste » [12]. Panov, animateur d'une des équipes de recherche russes, épisodiquement, témoigne qu'il partage le même point de vue quand il écrit, dans un bref historique de la question, que « la majorité des savants étaient d'accord [en 1954] pour estimer qu'il ne peut être question, *à l'heure actuelle* [en 1956, au moment où Panov parle], que de traductions de textes techniques et scientifiques » [13]. Et la quasi-totalité des publications fourmille de prises de position analogues. En août 1957, au VIIIe Congrès international des Linguistes, le premier rapporteur pour la section A (Machines à traduire) pose, dès son introduction, que « la traduction qui sera exécutée par la machine est, *certainement pour ce qui est du présent*, considérée comme devant être celle de textes scientifiques et techniques seulement, eu égard aux difficultés supplémentaires posées, par exemple, par les textes littéraires » [14]. Fin 1958, A. Sestier déclare : « Quant à la correction rigoureuse ou à l'élégance de la traduction, et *a fortiori*, la traduction de textes à caractère littéraire ou poétique, il ne faut évidemment pas y songer » [15].

---

[12] *Id., ibid.*, p. 14.

[13] Panov, Liapounov et Moukhine : « La traduction automatique », dans *Recherches internationales à la lumière du marxisme*, nº 7, (*Linguistique*), p. 163.

[14] *Proceedings of the VIII international congress of linguists*, Oslo; University Press, 1958, p. 503.

[15] Dans : *Les calculateurs numériques automatiques et leurs applications*, Paris, Hommes et Techniques éd., 1958, p. 136.

Naturellement, ces déclarations relativement sommaires, qui sont assez souvent les seules mentions du problème dans les textes considérés, sont sous-tendues par une connaissance linguistique moins intuitive et moins empirique du problème posé. Weaver, en écartant de ses préoccupations la traduction des textes littéraires, se réfère explicitement au fait que ce sont des textes « dans lesquels le style est important » [16], et que « dans le langage, il existe certainement des éléments a-logiques (le sens intuitif du style, le contenu émotionnel, etc.) » [17]. Ingve cite nommément les « connotations » parmi les difficultés à résoudre en matière de traduction automatique [18], et Delavenay, fait de même [19]. Louis Couffignal, en 1952, conduisant une réflexion totalement indépendante sur la transformation des machines à calculer universelles en « machines à penser », postule une opposition entre « la langue des œuvres littéraires » et celle de « la pensée scientifique » et il ébauche une analyse des caractères du langage scientifique [20]. Albert Ducrocq, se posant en cybernéticien le problème de la traduction automatique, élimine les œuvres littéraires au nom d'une opposition des « valeurs logiques » et des « valeurs sentimentales » [21] du langage : « Si l'on sait, écrit-il, ce qu'il faut penser de la traduction artificielle alors que l'homme, faisant appel au plus riche bagage d'images-souvenirs, éprouve la plus grande peine à exprimer des

[16] Weaver, W.: *Machine translation of languages,* p. 20.
[17] *Id., ibid.,* p. 22.
[18] Yngve, V. H.: « The machine and the man », dans *Mechanical translation,* vol., 1, n° 2, p. 20.
[19] *La machine à traduire,* Paris, P.U.F., collection « Que sais-je ? », 1959.
[20] Couffignal, L.: *Les machines à penser,* P. Ed. de Minuit, 1952, pp. 98-99.
[21] Ducrocq, A.: *L'ère des robots,* P. Julliard, 1953, p. 233.

idées fidèles lorsqu'il change de langue, le problème prend
en fait un aspect très différent lorsque les textes traduits
concernent non plus des descriptions poétiques ou des
analyses psychologiques, mais bien des éléments logiques,
dûment classifiés et pour lesquels on peut obtenir immédiatement l'équivalent exact d'une langue à l'autre. C'est
particulièrement le cas des textes techniques ou scientifiques, comme ce devrait être aussi bien le cas d'informations économiques, législatives ou politiques » [22].

Toutes les citations qui viennent d'être faites ont ici
valeur purement descriptive d'un état d'esprit. Outre leur
accord à peu près général [23], elles témoignent de la façon
dont la linguistique pure est assimilée dans le secteur de
linguistique appliquée constitué par les recherches sur les
machines à traduire. A cet égard, on peut observer que
l'assimilation est très inégale. Un auteur comme Couffignal,
à sa date, paraît ignorer les travaux conduits sur les rapports entre logique et langage; au contraire, Yngve ou
Delavenay reflètent solidement Bloomfield, qui doit inspi-
rer, de manière moins visible, les formulations de Weaver
aussi (mais elles pourraient aussi dériver de Sapir). Enfin,
Ducrocq semble utiliser les catégories de l'analyse stylistique et presque la terminologie de Bally.

Toutefois, ce qui frappe aussi, c'est l'insuffisance de
l'enquête linguistique qui informe cette décision d'écarter
de la traduction automatique tout texte littéraire. Tous les
auteurs cités assimilent les valeurs affectives de la langue
commune aux valeurs esthétiques de la langue littéraire
(et même celles de la langue littéraire à celles de la poésie),

---

[22] *Id., ibid.,* p. 253.
[23] Sauf Bjelskaya et Delavenay, dont l'argumentation sera
reprise ailleurs (dans *Machines à traduire : historique des problèmes linguistiques*). La Haye, Morton, 1964.

passent indifféremment des unes aux autres — utilisant sans discrimination, comme arguments équivalents dans le débat, les unes et les autres.

Il est vrai que les linguistes qui leur servent de références, américains surtout, n'ont pas distingué franchement l'usage « expressif » [d'émotions] de la langue commune, d'avec l'usage esthétique du langage. Nulle part Bloomfield n'a rapproché textuellement les connotations des valeurs esthétiques de langue; mais ce qu'il appelle « connotations d'intensité », « formes animées » (ex. : *Away he ran*), « formes symboliques » (parmi lesquelles il met « l'harmonie imitative ») « formes onomatopéiques », etc., conduit à la confusion des deux usages [24]. La pensée de Sapir à cet égard, n'est pas non plus catégorique. « Lorsque cette représentation [symbolique de notre pensée, qu'est le langage] écrit-il, prend une forme plus délicatement expressive que de coutume, nous l'appelons littérature » [25]. Il ajoute, en note : « Je ne puis m'attarder à définir ce qu'est ''une forme plus délicatement expressive'', qui mérite d'être appelée littérature, ou art; et, qui plus est, je ne sais pas exactement ce qu'il en est. Il nous faut admettre *a priori* ce mot de littérature » [26]. Il semble pourtant que, pour lui, la langue littéraire ne soit qu'un usage particulier des moyens expressifs de chaque langue — c'est-à-dire, en termes bloomfieldiens, que les connotations d'une langue commune et ses moyens littéraires ne soient pas différents *par nature*. Il insiste à trois ou quatre reprises, en effet, sur ce fait : que « le langage [ordinaire, non littéraire] est par lui-même un art collectif d'expression » [27], et que c'est

[24] Bloomfield, L.: *Language,* pp. 156-157.
[25] Sapir, E.: *Le langage,* p. 206.
[26] *Id., ibid.,* p. 206, note 1.
[27] *Id., ibid.,* p. 210. Voir aussi pp. 212-213-216.

là que va puiser la langue littéraire. Morris, malgré sa nomenclature très particularisée, n'aide pas à voir plus loin non plus.

D'une part, il aperçoit dans le langage trois modes fondamentaux de la signification, les modes désignatif, appréciatif et prescriptif; il ajoute que « tout *comportement signifiant* inclut ces composantes à des degrés variables ». Le mode appréciatif indique la préférence du locuteur : les exemples de Morris *bon, meilleur, mauvais, pire*, ou bien *voleur, lâche, honnête* [28] montrent bien que, pour lui, le mode appréciatif correspond à ce qu'on a nommé les « dénotations *affectives* par définition »; ce qu'il considère dans ces termes, ce n'est pas leur expressivité, leur valeur émotionnelle dans la bouche du locuteur, mais leur valeur intellectuelle de jugement pur. Morris est cohérent avec lui-même en précisant parallèlement que « l'expressivité des signes est [...] une propriété additionnelle de ces signes, en plus et au-delà de leur signification », et que l'émotion communiquée par l'énoncé est « une information additionnelle » [29]. D'autre part, il aperçoit quatre usages primaires des signes : informatif, évaluatif, incitatif, et systémique. Il résulte de ce double classement des signes, selon leur mode, et selon leur usage, que les textes littéraires (et poétiques) réapparaissent dans les types fondamentaux du discours classifiés par Morris : le « *fictive discourse* » [grosso modo : la littérature narrative romanesque], représente l'usage évaluatif du mode désignatif des signes; et le « *poetic discourse* » représente l'usage appréciatif du mode évaluatif de ces signes [30] — ce qui réintroduit subreptice-

---

[28] Morris, Ch. : *Signs, language, behaviour*, pp. 64-67 et 79-83.
[29] Morris, Ch., Ouvrage cité, pp. 68-69.
[30] *Id., ibid.*, pp. 123-124.

ment les valeurs émotionnelles, expressives, du langage, dans une analyse linguistique dont elles étaient exclues au départ, et dans laquelle elles ne sont réintroduites nulle part au nom de la théorie. On ne possède donc pas, après la lecture de Morris, des critères permettant de séparer, au nom de la nature des choses elle-même, la langue littéraire d'avec la langue commune.

Le problème n'est pourtant pas un faux problème : il découle aussi bien des énoncés les plus récents de linguistique générale, que des formulations ambiguës qui viennent d'être collectionnées. Le développement même de l'analyse des faits linguistiques a fini par dégager nettement cette idée que le langage exerce des fonctions très différentes, longtemps inaperçues ou confondues, ou masquées par l'une d'entre elles considérée comme prépondérante; ou mieux, qu'il se prête à des *usages* très différents, dans le cadre de sa fonction générale de communication. Aujourd'hui, bien que beaucoup de définitions fondamentales du langage répètent sous des formes diverses, après Saussure, que « la langue est un système de signes *exprimant des idées* » [31], tous les linguistes énumèrent soigneusement ces différents usages du langage, qui ne le réduisent pas à son usage purement intellectuel. Buyssens, dans un ouvrage dont le sous-titre était : *Essai de linguistique fonctionnelle dans le cadre de la sémiologie,* sépare déjà la fonction de communication linguistique, et la fonction de manifestation

---

[31] Saussure, *Cours,* p. 33. Bréal avait déjà, dans son *Essai de sémantique,* esquissé un remarquable effort d'analyse pour mettre en relief la fonction de communication du langage comme fonction primaire, et pour rejeter au second plan (linguistiquement) la fonction intellectuelle de support de l'opération de penser, v. pp. 7, 11-12, 73, 151, 243, 247, 271, 323, 329, 334, 335. Mais ces indications n'ont pas eu de répercussions directes dans la pensée linguistique ultérieure.

des émotions à travers le langage. Il approuve le mot d'Etienne Rabaud, selon qui « exprimer une émotion n'est pas un moyen de communiquer ». Aux faits de communication s'ajoute, écrit Buyssens, « une part de manifestation involontaire » [32], et il compare très justement la charge émotionnelle du langage et les renseignements qu'elle apporte sur le locuteur à ceux que fournirait l'étude de la graphologie, par exemple. Il en déduit un troisième usage du langage, un usage esthétique : « L'art, dit-il, répond au besoin de manifester, d'extérioriser les sentiments esthétiques. » Ce troisième usage se rattache au second par sa nature; il semble s'en distinguer par l'emploi que l'homme en fait : selon Buyssens, l'artiste, comme l'enfant, s'extériorise sans intention première de communiquer. « Ce n'est qu'en observant la réaction de son entourage qu'il entrevoit la possibilité de se servir de son art pour communiquer » [33]. Les affirmations de Buyssens quant au rapport de ces trois fonctions du langage avec la notion de communication peuvent être discutées : leur intérêt premier, c'est la distinction nette qu'il propose entre les trois fonctions.

La catégorisation formelle de ces fonctions distinctes du langage se retrouve chez Martinet, de plus en plus marquée : en 1955, il distingue nettement [sur le plan phonétique] la fonction de communication, la fonction d'expression, la fonction esthétique [34]. En 1956, sur le plan linguistique, il énumère la fonction de communication, la fonction de support de la pensée, la fonction d'expres-

[32] Buyssens, E. : *Les langages et le discours*, pp. 9 et 11.
[33] Buyssens, E. : Ouvrage cité, p. 14.
[34] Martinet, A. : *Economie des changements phonétiques*, pp. 39-41.

sion [35]; la fonction esthétique des sons se voit également rappelée [36]. En 1958-1959, il aboutit à cette formulation plus complète : « La fonction essentielle de cet instrument qu'est une langue est celle de la communication [...]. On se gardera cependant d'oublier que le langage exerce d'autres fonctions que celles d'assurer la compréhension mutuelle. En premier lieu, le langage sert, pour ainsi dire, de support à la pensée, au point qu'on peut se demander si une activité mentale à qui manquerait le cadre d'une langue mériterait proprement le nom de pensée [...]. D'autre part, l'homme emploie souvent sa langue pour s'exprimer, c'est-à-dire pour analyser ce qu'il ressent sans s'occuper outre mesure des réactions d'auditeurs éventuels. Il y trouve, par la même occasion, le moyen de s'affirmer à ses yeux et à ceux d'autrui sans qu'il y ait véritablement désir de rien communiquer. On pourrait également parler d'une fonction esthétique du langage, qu'il serait difficile d'analyser, tant elle s'entremêle étroitement aux fonctions de communication et d'expression » [37]. Qu'il s'agisse bien là de l'enregistrement des résultats acquis par l'analyse actuelle, c'est ce dont témoigne, à l'autre extrémité de l'éventail linguistique, une définition soviétique récente : « Le langage remplit des fonctions variées : la fonction intellectuelle ou logico-rationnelle (moyens de la pensée, constitution des concepts et leur maniement); la fonction expressive (moyen d'expression des émotions se rapportant à un énoncé);

---

[35] *Id.* : *La description phonologique*, p. 11. La fonction d'expression est définie comme l'utilisation de la langue par l'individu « moins pour influencer le comportement d'autrui que pour s'exprimer, au sens premier et précis du terme, c'est-à-dire pour décharger sa sensibilité et son esprit » (Ibid., p. 11).

[36] Martinet, A. : Ouvrage cité, p. 37.

[37] Martinet, A. : *Eléments de Linguistique générale*.

esthétique (procédés de l'expression artistique); volontaire (procédés de commandement, d'appel, de prière, etc.). Toutes ces fonctions sont liées à la fonction communicative et se développent en prenant celle-ci pour base » [38].

Au terme de cette enquête linguistique, on a donc vérifié que l'intuition des traducteurs et l'empirisme des chercheurs — lesquels séparent la langue scientifique et technique de la langue littéraire et poétique — correspondent à des positions théoriques de la linguistique récente. Mais on constate aussi que la nature et la profondeur de cette séparation, quelles que soient les théories, n'est pas clairement définie. Ignorée chez Bréal, Saussure et Meillet, implicite chez Bloomfield, marquée chez Sapir et chez Morris, explicite chez Buyssens, catégorique et pourtant nuancée chez Martinet — la plupart du temps l'opposition entre fonction intellectuelle et fonction expressive, d'une part, fonction expressive et fonction esthétique, d'autre part (opposition qui commande celle qu'on trouve ensuite entre langue scientifique ou technique, et langue littéraire ou poétique) cette opposition, donc, est toujours indiquée comme relative, difficile à bien déterminer (au contraire de la séparation tranchée qu'affirment et que voient les traducteurs et les chercheurs dans le domaine de la machine à traduire).

Il se trouve qu'au moins un théoricien permettait d'affronter le problème à fond, Charles Bally, sur le terrain duquel il est intéressant de se placer pour essayer de conclure. Dans son *Traité de stylistique française*, il a proposé une théorie générale de la stylistique comme étude distincte de « la valeur affective des faits du langage orga-

[38] Reznikov, « Langage et société », dans: *Cahiers internationaux de sociologie*, vol. VI (1949), p. 163.

nisé » [39]. A partir de cette théorie, il a essayé de caractériser la « langue scientifique » et la « langue technique » [40] par rapport à la langue commune : son analyse les définit par « le besoin de ne montrer que la face objective des choses », « le mode d'expression purement intellectuel », et « la recherche des idées pures, dépouillées de tout élément affectif » [41]. Définition trop générale, efficace surtout dans son aspect négatif. Au contraire, il s'est arrêté longuement sur le problème de savoir s'il y avait une différence de nature entre la fonction expressive et la fonction esthétique du langage.

Sa position est la suivante :

a) « Il est bien certain que le langage, pris dans son acceptation la plus vaste, le langage de tout le monde, a des ressources inépuisables pour la production des effets esthétiques; la preuve en est que le littérateur, quand il veut, consciemment, produire des impressions de cet ordre, n'a pas besoin de toujours inventer sa langue, mais qu'il en trouve les éléments essentiels dans le langage organisé » [42]. On retrouve ici l'opinion de Sapir, que le langage ordinaire est par lui-même un art collectif d'expression; la langue littéraire ou poétique et la langue commune ne différeraient donc pas par la nature des faits de langage qui les constituent.

b) « Il est bien certain encore, ajoute Bally, que le sujet parlant et le sujet entendant, dans l'usage journalier de leur idiome, sont parfaitement capables de percevoir et de goûter la saveur esthétique qui se dégage des faits de

[39] Bally, Ch.: *Traité de Stylistique française,* Paris, Klencksieck, 2e éd. 1930, vol. I, p. 1.
[40] Bally, Ch.: Ouvrage cité, §§ 132-134 et § 234-237, vol. 1.
[41] *Id., ibid.,* pp. 117-118.
[42] *Id., ibid.,* p. 179.

langage » [43]. Les « valeurs esthétiques » et la fonction esthétique sont donc inhérentes à la langue commune.

c) « Mais, poursuit Bally, une autre chose est pour nous tout aussi certaine : ce qui est l'essence, et la raison d'être constante, de l'effort littéraire, est absent du langage spontané, à savoir : l'*intention* de la percevoir et de la goûter dans les productions des autres » [44]. Il en résulterait que la langue littéraire et poétique ne différerait de la langue commune (dans ses valeurs expressives) que parce qu'elle en serait un « usage » particulier, conscient; c'est aussi l'opinion de Buyssens. La nature profonde de ces deux « langues », une fois de plus, serait la même. Pour la même raison, la « stylistique individuelle » chez Bally, c'est l'étude des faits d'expression propres à un individu, qui le distinguent dans son groupe, mais à condition que ces faits d'expression personnels soient utilisés comme tels, sans aucune autre intention. C'est ce qui séparerait la « stylistique individuelle », du « style », parce que « pour le littérateur, les conditions sont toutes différentes : il fait de la langue un emploi volontaire et conscient [...]. En second lieu, et surtout, il emploie la langue dans une intention esthétique » [45].

Pour une théorie de la traduction, ce qui importe ici, c'est que le théoricien le plus décidé de la séparation entre fonction expressive et fonction esthétique du langage ne fonde pas cette séparation sur la nature des choses (c'est-à-dire sur des faits de langage irréductiblement différents) mais sur un *usage* particulier des mêmes faits de langage, des mêmes valeurs expressives [ou affectives] de langage.

---

[43] Bally, Ch. : Ouvrage cité, vol. 1, p. 179.
[44] *Id., ibid.*, p. 179.
[45] *Id., ibid.*, p. 199.

A plusieurs reprises, il parle des procédés du style [littéraire] qui « ne font qu'organiser et régulariser les tendances naturelles du langage spontané »[46], que les « transposer », dit-il aussi.

Ce fossé qu'il a d'abord proclamé, le plus profond, le plus net, entre langue commune et langue littéraire (parce qu'il existe entre la fonction expressive et la fonction esthétique du langage), Bally lui-même s'applique donc à le rétrécir, à le combler partiellement tout aussitôt. « Ne soyons pas trop absolus, cependant, pose-t-il, maintenant, et disons que cette intention [esthétique], quand elle existe chez le sujet parlant, est constamment refoulée à l'arrière-plan par les nécessités impérieuses auxquelles obéit le langage dans sa fonction naturelle [expression de l'individu] et dans sa fonction sociale [communication] »[47]. D'où il découle que « le langage spontané est toujours *en puissance* de beauté »[48], et que « les limites [...] entre l'expression littéraire et la langue « commune » sont « flottantes »[49].

Par rapport aux préoccupations d'une théorie de la traduction, que résulte-t-il de ce long examen? Tout d'abord, que la « fonction expressive » du langage — se réalisant par des « valeurs expressives » (ou « affectives », ou « connotatives », ou « émotionnelles », ou « non-référentielles ») — est une « fonction » du langage formelle-

[46] Bally, Ch. : Ouvrage cité, p. 104.
[47] *Id., ibid.*, pp. 179-180.
[48] *Id., ibid.*, p. 182. Ailleurs (p. 186), il écrit : « L'expression littéraire, on le sait, échappe presque toujours par quelque côté à l'art d'écrire, car ses racines plongent dans le parler de tous. »
[49] *Id., ibid.*, p. 182. Ceci conduit Bally à créer la notion de « cas intermédiaires » entre langue commune et langue littéraire, cas parmi lesquels il cite *le comique* et *les expressions pittoresques* dans la langue commune (pp. 182-183).

ment reconnue par toute la linguistique actuelle, et reconnue comme distincte de la fonction « intellectuelle » du langage. Toutefois, distincte de cette dernière par l'objet de la communication qu'elle établit, la fonction expressive du langage ne l'est pas catégoriquement de la fonction esthétique, ni par l'objet, ni par les moyens de cette communication; c'est ce qui explique soit la confusion, soit l'indistinction, soit la séparation très relative dans lesquelles les linguistes contemporains maintiennent ces deux fonctions. Bally ne les sépare aussi énergiquement que pour des raisons méthodologiques, tenant à la délimitation de l'objet de sa recherche [la fonction expressive seule], plutôt qu'à la différence entre les deux fonctions. Ce qui résulte aussi de cet examen, c'est que — justifiant finalement de façon claire l'intuition des traducteurs et l'empirisme des chercheurs en fait de traduction-machine — la vraie séparation passe, non pas entre langue commune et langue littéraire, mais entre fonction purement intellectuelle du langage, d'une part, et fonction expressive et esthétique, d'autre part. Alors qu'il est quasi impossible de séparer, *par leur nature,* les faits expressifs employés dans la langue littéraire ou poétique (aussi transposés, grossis, stylisés qu'on veuille les imaginer par rapport à la langue commune), il est plus facile de séparer la langue scientifique ou technique de tous les autres registres d'une longue donnée : c'est celle qui est privée de toutes valeurs affectives, de toute connotation.

La traduction par machine se voit ainsi, pour des raisons théoriques enfin produites avec évidence, libérée des objections qu'on oppose à la traduction, mais dans un seul domaine, celui de la langue scientifique et technique : parce que (et dans la mesure où) cette langue ne véhicule que des dénotations et jamais de connotations; parce que (et dans la mesure où) cette langue n'inclut jamais dans ses énoncés des rapports entre les signes et leurs locuteurs ou leurs auditeurs [50]; parce que (et dans la mesure où) son lexique est constitué de termes dont la dénotation est toujours fixée par une définition décisoire, et sa syntaxe, constituée de formes dont la dénotation est toujours fixée, elle aussi, limitativement, par référence explicite à des relations logiques correspondantes. [51]

(Inédit)

[50] A cet égard, la langue scientifique et technique n'exclut pas seulement l'emploi des « éléments » ou « faits expressifs »; mais aussi l'emploi de formes linguistiques qui, sans aucune « charge émotionnelle », sont liées à la « pragmatique » du discours. Benveniste a raison de dire « qu'on peut imaginer un texte linguistique de grande étendue — un traité scientifique par exemple — où *je* et *tu* n'apparaîtraient pas une seule fois » et de remarquer que cette « condition d'emploi » est assez largement « distinctive ». (« La nature des pronoms », dans : *For Roman Jakobson*, pp. 34-35.)

[51] Il était possible de définir la langue scientifique par ses caractères positifs, avec plus de précision que Bally ne l'a fait. Cette définition que les linguistes n'avaient pas élaborée, ce sont les logiciens et les savants qui la donnent au chapitre sur les définitions, les terminologies et les terminologies normalisées.

MNEMOTECHNIQUE ET POESIE
(1972)

S'intéresser à la traduction poétique des vers réguliers et notamment des genres à forme fixe implique un postulat : que ces régularités et ces formes fixes sont des structures pertinentes des poèmes qu'elles véhiculent; et ceci au sens le plus rigoureusement strict du terme en linguistique, c'est-à-dire que ces formes ont une fonction — ici, une fonction littéraire, ou poétique, ou, plus largement, esthétique, selon le terme que l'on préférera.

Notons que ce postulat n'est jamais poussé jusqu'au paradoxe, ce qui serait pourtant tout à fait concevable. Mais on ne connaît généralement pas de type de spectacle ou de séance d'écoute qui serait consacré de façon systématique à consommer le plaisir d'entendre des poèmes dans des langues que l'on ne connaît pas — ce qui serait une façon pure de démontrer cette pertinence esthétique des régularités prosodiques et des formes fixes. Ce qui semble possible en musique — écouter des œuvres relevant d'une culture musicale formelle étrangère à la nôtre — ne paraît pas l'être en linguistique. L'expérience mériterait d'être faite, avec rigueur. Mais il semble, à travers les expériences personnelles de chacun sur ce point, que nous sommes largement sourds à ce qui est spécifique d'une diction en langue étrangère, mise à part une impression d'étrangeté due à l'absence de communication, ou une simple sensibilité diffuse vis-à-vis de la « psalmodie ».

Je n'ai pas du tout l'intention de battre en brèche ce postulat. Je souhaite seulement m'interroger, et vous interroger, sur les fonctions possibles de ces structures que sont, en poésie, les régularités des prosodies et les genres à forme fixe.

Quand on recherche, aussi sommairement que ce soit, les origines connues des poésies, que trouve-t-on en effet, ou que croit-on trouver ? C'est ce que j'ai essayé de rechercher — et c'est une enquête que je fais, une hypothèse que j'avance, plus qu'une affirmation que je pose. A moins que vous ne la démentiez grâce à votre science historique et philologique dans l'une des langues rares que vous représentez ici (mais le démenti, à mon avis, devrait être apporté par de bonnes preuves philologiques, et non par des spéculations métaphysiques sur l'origine de toutes choses, de l'homme en particulier, de l'art, etc.).

On trouve toujours, me semble-t-il, que ces régularités et ces formes fixes ont un acte de naissance très modeste, non poétique (ou non poétiquement pur). Tantôt des formes rituelles à réciter de façon rigoureusement exacte afin de n'en pas compromettre l'efficacité magico-religieuse, formules classées parfois selon des critères numériques (formules de deux vers, de trois vers, de quatre, cinq, neuf, douze, etc.), comme c'est le cas en sanskrit. Tantôt des généalogies à conserver, de dieux et de héros, des chronologies, comme dans l'*Iliade* ou dans le cycle d'Haroun al

Rachid, tel qu'il a été remployé dans les *Mille et une nuits*. Un ouvrage comme *L'Empire peul du Macina*, d'Amadou-Hampaté Ba et Jacques Daget [1] suffit à montrer la capacité de rétention mémorielle de ces formes orales transmises par les griots, dans lesquelles on retrouve une charge de faits historiques aussi dense que dans l'*Histoire de la conquête de l'Angleterre par les Normands* d'Augustin Thierry. D'autres fois encore il s'agit d'encyclopédies orales, d'astronomie, de météorologie, de navigation, d'agriculture : qu'on pense à Hésiode ou Virgile, qui se trouvent à la charnière entre usage technique oral et usage poétique écrit dans ce domaine; ou qu'on songe aux triades où se trouvait enclos tout le savoir celtique.

Le caractère de ces textes, quand on ne leur impose pas prématurément la grille d'une lecture esthétique propre aux XIXe et XXe siècles, c'est d'abord qu'ils présentent un contenu, non pas esthétique mais magique, historique, juridique, didactique. C'est ensuite que leurs formes s'expliquent tout entières par des *techniques de structuration* destinées au soutien de la mémoire orale, formes sur lesquelles on a peu travaillé par suite d'une répugnance inconsciente à admettre que l'art n'est pas né en tant qu'art (la même répugnance minimise les origines réelles de l'art préhistorique). Seuls les ouvrages du Père Marcel Jousse (l'*Anthropologie du geste*) [2] et d'André Spire (*Plaisir poétique et plaisir musculaire*) [3] ont amorcé l'étude objective qui s'imposerait ici.

Si cette vue génétique se révèle exacte, les formes poétiques chères aux formalismes ne sont pas nées avec une

---

[1] S. 1. [Bamako ?], Institut Français d'Afrique Noire, Centre du Soudan, Etudes Soudanaises, n° 3, 1955.
[2] Paris, Éditions Resma, 1969.
[3] Paris, Librairie José Corti, 1949.

fonction esthétique qui soit primaire et centrale : cette fonction est acquise, culturelle, seconde. Qu'est-ce à dire ? Qu'il y avait des potentialités rythmiques, musicales, poétiques au sens où nous entendons le terme aujourd'hui, dans les récurrences qui constituaient la base de l'outillage mnémotechnique de la transmission orale; et que l'usage poétique de la poésie — comme Valéry l'a bien vu et bien dit — a consisté à isoler, à exploiter, à développer ces potentialités pour le plaisir qu'elles procuraient intrinsèquement, abstraction faite de leur service mnémotechnique initial.

Dire que la pertinence poétique de ces potentialités des mnémotechniques est seconde, et culturelle, c'est dire aussi qu'aux universaux mnémotechniques se sont superposées des habituations d'ordre esthétique propre à chaque culture. Ceci explique que la sensibilité aux régularités, aux formes fixes étrangères à une culture donnée, ne soit pas directement donnée à cette culture étrangère, et que ces régularités, au sens propre ne lui *disent* rien, ou presque rien.

Cela signifie-t-il qu'il est inutile, ou impossible, de traduire ces régularités et ces formes fixes ? Non. Que ce soit possible, dans une certaine mesure, qui est loin d'être négligeable, c'est ce que montre la pratique séculaire des traducteurs, et ce que prouvera, je l'espère, l'expérience de ce colloque : simplement, toujours, il faut se demander quelle est la pertinence et la fonction de ces formes. A mon avis, elles résident dans la création d'un ton d'abord, et d'une couleur culturelle ensuite.

Que ce soit utile n'est pas moins sûr. Il s'agira toujours de traduire, non pas une structure (ou de la décalquer, ce qui est toujours possible), mais l'effet qu'elle produit. Vouloir traduire *aussi* les régularités prosodiques et les formes fixes c'est s'assigner cette tâche : au lieu d'importer le poème dans la culture-cible du lecteur, on s'efforce d'exporter le lecteur vers la culture-source du poème. Ceci est aussi pertinent, même si c'est très difficile, pour assurer la transmission du plaisir esthétique de l'original, que de resituer une sculpture, une peinture, un dessin dans leur culture-source : c'est lutter contre les contresens culturels, qui ne sont pas plus nobles du fait qu'ils adviennent dans le domaine esthétique, et non dans celui de la connaissance discursive.

De telles considérations expliquent peut-être qu'on puisse toujours, et qu'on ait pu si longtemps se passer de traduire régularités et formes fixes. En effet, dans un poème, il y a d'abord des universaux poétiques substantiels : tant que la famille aura la structure biologique que nous connaissons, la scène des adieux d'Hector à Andromaque, ou la scène de Priam aux pieds d'Achille implorant la restitution de la dépouille de son fils, seront traduisibles, accessibles directement. Dans un poème il y a aussi des universaux formels, liés à la nature même du langage et de ses pouvoirs : la métaphore, la litote, l'ellipse, etc., sont des universaux, donc traduisibles. Mais à côté de ces universaux, dans chaque poème, il y a des éléments qui sont propres à la culture-source, donc moins centralement accessibles. Ce seront tantôt des éléments spécifiques substantiels (par exemple, toutes les connotations du blanc, couleur du deuil, en chinois); et tantôt des éléments spécifiques formels (la forme même du robaï, du haïku, l'architecture du sonnet, de la stance, etc.). On a toujours essayé de traduire à ces niveaux, avec des succès plus ou moins assurés. Tenter de traduire aussi les régularités prosodiques et les formes fixes c'est tenter, consciemment, de s'élever jusqu'au quatrième et dernier niveau, celui des éléments spécifiques formels, quand on sent, au moins, qu'il est pertinent.

Certes Goethe professait que lorsqu'une poésie n'est pas transférable d'une langue dans une autre, elle ne vaut pas grand-chose : il entendait sûrement par là écarter les éléments spécifiques, surtout formels, aux dépens des universaux poétiques. Mais, bien que la référence passe généralement pour vétuste, on peut citer *L'Iliade* traduite par Leconte de Lisle, dont il est si facile de railler ce qu'on appelle les affectations, mais la seule à donner l'impression juste : que le texte d'Homère est la chronique ethnographique d'une petite tribu perdue de l'âge semi-pastoral du cuivre; on peut citer aussi, au moins comme indication d'une direction, les traductions de Poe par Mallarmé, qui donnent au lecteur unilingue, et si fortement, l'impression que ces poèmes traduits, c'est en anglais pourtant qu'il les lit. [4]

---

[4] Ce texte est la communication faite au *Colloque sur la traduction poétique en vers réguliers et notamment des genres à forme fixe,* sous la présidence de René Etiemble, les 8-10 décembre 1972.

TRADUCTION FIDELE...
MAIS A QUOI ?
(1957)

La vieille querelle entre la traduction fidèle et la traduction libre (ou belle), en France, a l'air d'être apaisée depuis cent ans. Malgré quelques escarmouches de temps à autre, tout le monde est d'accord contre le mot à mot, contre la *littéralité*, d'une part — et contre la licence, l'adaptation, le travestissement d'autre part. Chez nous les traductions, comme les femmes, pour être parfaites, doivent être à la fois fidèles et belles.

Certes, cet idéal est loin d'être toujours atteint, mais c'est l'idéal affirmé de tous. Et, pour de vastes secteurs de la traduction littéraire — le roman, la littérature contemporaine en général — il n'y a pas de problème. Le débat ressuscite avec la traduction des classiques du passé, surtout pour le théâtre [1] et la poésie. Dans ce domaine, bien que tout le monde soit d'accord en théorie, deux camps se reforment de temps en temps : celui des professeurs, qui restent hantés par la fidélité littérale, et celui des artistes qui répondent : à quoi bon traduire fidèlement, Shakespeare par exemple, si votre fidélité laisse échapper l'essentiel, si l'on n'y sent pas *au moins* la grandeur de Shakespeare ?

[1] On a beaucoup discuté depuis un an sur une nouvelle traduction de Shakespeare (v. *Le Monde* du 18 août 1955, du 28-29 août 1955, du 6 septembre 1955 et du 19 juin 1956).

Tout le monde, donc, affirme que la traduction doit être fidèle. *Mais fidèle à quoi* ? Tout est là.

Les professeurs ont raison, mais les écrivains n'ont pas tort : à quoi bon traduire le chef-d'œuvre du plus grand poète lyrique italien, *L'Infinito* de Leopardi, si les lecteurs français qui ne savent pas l'italien n'entrevoient même pas dans cette traduction pourquoi les lecteurs italiens trouvent le texte si beau ?

Que faut-il traduire fidèlement ? Sera-ce le vocabulaire ? Les critiques italiens nous apprennent que la langue de Leopardi est, extérieurement, la plus banale qui soit littérairement, faite uniquement des vocables de la langue académique, qui traîne partout depuis Pétrarque jusqu'à Métastase : c'est l'équivalent de la langue classique et noble au XVIIe siècle en France; où toute femme est une *beauté,* tout cheval un *coursier,* tout amour une *flamme*; où les yeux sont toujours des *flambeaux*, les regards des *flèches* douces ou cruelles, les épées des *fers* homicides [2]. S'il faut être fidèle au vocabulaire, le fin du fin sera de traduire *L'Infinito* dans la langue des tragédies de Voltaire, ou dans celle des petits vers des petits poètes préromantiques français, Gilbert, Arnaud, l'abbé Delille, Chênedollé, Fontanes et Millevoye.

Les professeurs qui s'attachent à toutes les fidélités extérieures relevant de la langue accordent aussi beaucoup d'importance à la fidélité grammaticale. Traduire un pluriel par un pluriel, un conditionnel par un conditionnel, une longue subordonnée initiale par une longue subordonnée initiale leur paraît souvent le respect absolu des nuances de l'expression. Dans *L'Infinito*, par exemple, il y a une inversion au premier vers, deux gérondifs au quatrième, un

---

[2] V. F. Flora, *Storia della letteratura italiana*, t. IV, pp. 135-138.

duratif au onzième, un infinitif substantif dans le dernier vers. Au nom de cette fidélité grammaticale il existe des traductions qui disent : *Toujours il me fut cher ce coteau solitaire* (inversion sautillante, vrai contresens sur le rythme) — *assis là et regardant* (véritable petit nègre) — *je m'en vais comparant* (archaïsme déjà mort au XVIIIᵉ siècle) — *il m'est doux de naufrager* (tellement inusité que c'est presque un contresens). La fidélité grammaticale aveugle assassine aussi le texte.

La fidélité mécanique au style (aux apparences extérieures du style) aboutirait aux mêmes mécomptes : comme son vocabulaire, le style de Leopardi semble un tissu d'images et d'expressions banales depuis des siècles, et souvent même empruntées à d'autres poètes. Chez lui, le *sort* est toujours *âpre* ou *cruel*, les illusions sont toujours des *fables trompeuses*, la jeunesse est toujours *la fleur des ans*, la maison c'est *l'asile paternel* et le lit est *le mol édredon de plumes*, etc. [3]. Nous voilà de nouveau, si nous voulons être fidèles à ce style, obligés de traduire le chef-d'œuvre de la poésie lyrique italienne au XIXᵉ siècle en lui donnant la forme d'un pastiche des vers français les plus plats du XVIIIᵉ siècle, une imitation de Jean-Baptiste Rousseau, de Lebrun-Pindare ou de Le Franc de Pompignan : le lecteur français nous demandera toujours ce qu'ils ont de tellement extraordinaire.

Il reste à prôner la fidélité musicale à la manière de Valéry, qui serait le vrai secret de la vraie fidélité. « S'agissant de poésie, dit Valéry, la fidélité restreinte au sens est une manière de trahison. Les plus beaux vers du monde sont insignifiants et insensés lorsqu'ils sont substitués par une expression sans nécessité musicale intrinsèque et sans

[3] *Id., ibid.*

résonances » [4]. *L'Infinito* se compose de quinze hendé-casyllabes : est-ce que la véritable fidélité c'est de les décalquer par quinze alexandrins ? Prenons l'autre chef-d'œuvre léopardien — seize vers — *A sé stesso*. C'est une suite non rimée, non assonancée, d'heptasyllabes et d'hen-décasyllabes. Il se trouve qu'un heptasyllabe précède alternativement soit un hendécasyllabe, soit deux (7-11-11-7-11-7-11-11-7-11-7-11-11-7-11-7). Est-ce à cette musique qu'il s'agit d'être fidèle ? Il y a longtemps que le problème de la traduction des poèmes serait résolu; mais en fait on s'est depuis deux siècles aperçu que cette fidélité tout externe à la musique externe d'un poème est abominable, ou quelconque (excepté dans les cas très limités de musique proprement imitative, calculée : *Chanson d'automne* de Verlaine, par exemple). Ou bien faut-il essayer statistique-ment de déceler les allitérations qui donneraient tout l'accent de ce poème, et faire un sort aux treize *p* des huit premiers vers ? Mais pourquoi pas plutôt les quinze *r* ? ou les treize *a* ? Les prescriptions de Valéry nous laissent dans l'obscurité la plus complète.

En fait, la fidélité dans la traduction poétique d'un texte, ce n'est ni la fidélité mécanique à tous les problèmes de sémantique, ni la fidélité grammaticale automatique, ni la fidélité phraséologique cent pour cent, ni la fidélité scienti-fique à la phonétique du texte : c'est la fidélité à la poésie de ce texte. Mais pour la traduire il faut l'avoir non seule-ment sentie, mais identifiée dans ses fins comme dans ses moyens. Le premier de nos théoriciens français dans la traduction, le vieil Etienne Dolet (1509-1546) avait déjà vu juste, quand il affirmait que la première loi de la traduc-tion c'était que « le traducteur entende parfaitement *le sens*

---

[4] Paul Valéry : *Traduction en vers des Bucoliques*, N.R.F., 1956, p. 23.

et la matière de l'auteur qu'il traduit » [5]; même pour la
traduction poétique le précepte est juste : c'est seulement
après avoir compris, non la langue seulement mais la
poésie du texte, que le traducteur saura discerner *les
moyens* de cette poésie, qu'il faut totalement traduire.
Non pas tous les mots-outils du langage ordinaire, mais
seulement les mots-clés (dans *L'Infinito* peut-être aucun).
Non pas tous les tours grammaticaux qui sont aussi de
purs outils morphologiques, mais uniquement ceux qui
gardent une valeur expressive dans le poème, et pour
atteindre la fin proposée par le poème (ici, ni l'inversion,
ni les gérondifs, ni le duratif, ni l'infinitif substantif; peut-
être seulement les pluriels : *spazi, silenzi*). Non pas aveu-
glément toutes les expressions stylistiques, toutes les allitérations, toutes les prétendues musicalités du texte — mais
seulement celles qui font vraiment la musique propre du
poème (ici, certainement, l'allongement des adjectifs : *inter-
minati, sovrumani, profondissima*). Seulement si l'on a senti
que la musique, ici, c'est la lenteur méditée des phrases
entrecoupées de silences, le détachement de cette contem-
plation, l'apaisement d'un esprit que la sérénité de l'espace
a guéri de l'idée de la mort, alors on peut essayer de
traduire :

« J'ai toujours aimé cette colline solitaire — et ces buissons
qui, presque de tous côtés, dérobent au regard le fond de
l'horizon. Assis, les yeux perdus, j'imagine au-delà des espaces
illimités, des silences prodigieux, une paix profonde. Un monde
où le cœur, enfin, ne tremble plus. Et, lorsque j'entends le vent
frémir à travers les arbustes, je me prends à comparer son
murmure au silence infini. Je pense à l'éternité, aux temps
révolus, au présent, à sa chanson vivante. Ainsi, dans cette

---

[5] *Babel*, revue internationale de la traduction, nᵒ 1, septembre
1955.

immensité, ma pensée se noie, et c'est un océan dans lequel il est doux pour moi de faire naufrage. »

De même, tant qu'on n'a pas saisi que, dans *A sé stesso*, la musique du texte, c'est celle du sens total, le rythme d'un cœur ivre de chagrin, d'une tête ivre de fatigue et qui n'a même plus la force de penser, d'achever ses phrases, de parler — seulement alors on aperçoit que les *moyens* de cette musique sont les silences, les ponctuations, les enjambements, les phrases elliptiques, tous les soupirs. Et seulement alors on peut traduire ce ton par des moyens appropriés, équivalents, fidèles (même si ce ne sont pas des enjambements, même si ce ne sont pas des allitérations des mêmes consonnes explosives sourdes) :

« Arrête-toi maintenant,
Pauvre cœur fatigué. La dernière illusion,
Celle que je croyais éternelle, est morte.
Elle est bien morte. Et je le sens bien,
Ce n'est pas seulement l'espoir d'être aimé
Que j'ai perdu, c'en est le désir même.
Arrête-toi. Tu n'as que trop
Battu. Rien ne vaut qu'un cœur batte,
Et la terre ne mérite pas de soupirs. Amertume,
Ennui, rien d'autre, telle est la vie.
Le monde n'est que boue.
Calme-toi maintenant. Désespère
Pour la dernière fois. Aux hommes, le destin
N'a donné que la mort. Méprise-toi
Maintenant, méprise la nature, et l'ignoble
Pouvoir qui, dans l'ombre, préside au mal
Universel,
Ainsi que l'infinie vanité des choses. » [6]

---

[6] Ce texte a été publié dans la revue *Horizons*, 5e année, mars 1957, pp. 99-102. Une version italienne différente a été donnée dans *Teoria Storia della traduzione*, Turin, Einaudi, 1965, pp. 141-146.

LES TRADUCTIONS
DANS LA CULTURE INTERNATIONALE
(1967)

Pour chacun d'entre nous, leur rôle est évident. Il est devenu impossible, comme c'était encore le cas au XVIIᵉ siècle, d'apprendre les deux langues qui comptaient dans la culture européenne du moment, l'espagnol et l'italien, uniquement pour prendre contact avec leur littérature; impossible, comme au XVIIIᵉ siècle, de se borner à y ajouter l'anglais, en retranchant déjà souvent l'espagnol. Aujourd'hui, il est devenu impossible de prendre connaissance de toutes les grandes littératures européennes dans leur langue originale : ce serait savoir au moins dix ou quinze langues. Des spécialistes de la littérature, beaucoup ne savent vraiment que le français; les spécialistes de langues vivantes ou de littérature comparée connaissent généralement une, quelquefois deux langues étrangères, au plein sens du terme. Donc la plupart, spécialistes et plus encore lecteurs, ont nécessairement contact avec les œuvres qui atteignent à la notoriété européenne uniquement par l'intermédiaire des traductions.

La démonstration statistique de ce rôle croissant des traductions dans la construction du panorama de la littérature européenne ou même mondiale que peut se faire un lecteur est d'ailleurs très facile. Il suffit de consulter l'*Index Translationum,* édité chaque année par l'UNESCO depuis 1949, et d'y relever quelques chiffres significatifs.

Par exemple, les pays qui traduisent plus de 1 000 ouvrages par an :

1949 : Allemagne.

1950 : Allemagne, France, Yougoslavie.

1951 : Allemagne, France, Danemark, Pologne, Tchécoslovaquie.

1953 : Allemagne, France, Espagne, Italie, Tchécoslovaquie.

1955 : Allemagne, France, Italie, Pologne, Tchécoslovaquie, U.R.S.S.

1957 : Allemagne, France, Italie, Pologne, Tchécoslovaquie, U.R.S.S.

1959 : Allemagne, France, Italie, Pologne, Tchécoslovaquie, U.R.S.S.

1966 : Allemagne, France, Italie, U.R.S.S.

Ou encore les chiffres moyens d'ouvrages traduits chaque année par ces mêmes pays, chiffres qui semblent marquer un palier après la montée rapide de la décennie précédente :

Allemagne :	± 2 150
Pays-Bas :	± 1 125
Belgique :	± 750
France :	± 1 200
U.R.S.S. :	± 3 500
Angleterre :	± 450
Italie :	± 1 150
Suède :	± 1 000

Un dernier chiffre est au moins aussi éloquent, c'est celui de la part des œuvres traduites dans l'édition globale de chaque pays. D'abord, cette part est en croissance continue :
4 % en 1929, 8 % en 1935, 12 % en 1964.

Et dans cette masse d'œuvres traduites, la part de la littérature, malgré des pourcentages étonnamment variables, reste quand même la part du lion :
Norvège, Suède, Finlande :
80 à 70 % des œuvres traduites sont littéraires.
Allemagne, Belgique, Danemark, Hollande :
60 % des œuvres traduites sont littéraires.
Tchécoslovaquie, France, U.R.S.S. :
55 à 50 % des œuvres traduites sont littéraires.
Roumanie, Italie, Hongrie, Pologne :
45 à 40 % des œuvres traduites sont littéraires.
Espagne, Grande-Bretagne :
30 % des œuvres traduites sont littéraires.

Quelle est exactement la nature du rôle des œuvres traduites dans la construction d'une vue internationale de la littérature ? Il faut insister sur le fait que la littérature continue — en dépit de ses concurrents, radio, télévision, cinéma, etc. — à être ressentie par les lecteurs comme la description d'une culture, souvent comme la plus totale et la plus profonde. C'est vrai pour le roman, qui vient largement en tête des genres d'œuvres traduites; mais c'est vrai aussi, de plus en plus, pour le théâtre : en 1920, par exemple, on jouait à Paris un certain nombre de pièces dont 10 % étaient traduites; en 1960, c'est 25 %. Il faut entendre, sous cette formulation (que la littérature est ressentie comme la description d'une culture) que la littérature reste considérée souvent comme la seule, et toujours la meilleure, ethnographie de la culture d'un pays donné, au sens propre du mot *ethnographie* : presque toutes les images et les idées les plus tenaces et les plus concrètes que nous ayons sur les Anglais, les Russes ou les Grecs, par exemple, si nous nous examinons bien, nous nous apercevons qu'elles nous sont venues ou qu'elles ont été profondément confirmées par des œuvres traduites. Et les autres moyens de communication de masse ne sont que des éléments ou des compléments de cette vue, sans laquelle ils restent pour nous disparates, sentis comme étant superficiels et discutables; non intégrés la plupart du temps, très labiles.

S'il y a des problèmes posés par ce rôle des traductions dans la constitution d'une vue internationale de la culture, ce sont des problèmes classiques, bien connus sinon résolus : comment choisir ces œuvres qui vont porter hors de leur pays une image difficile à effacer de leur pays ? Comment augmenter, si c'est possible ou souhaitable, le nombre de ces œuvres traduites ? Comment en perfectionner la traduction ? Le vrai problème culturel, inaperçu très souvent, n'est pas là. Le voici sans doute : c'est de ne pas se laisser éblouir par ce rôle fondamental évident des traductions dans la diffusion d'une culture internationale, au point de n'en plus apercevoir les limites — au point d'en vouloir faire une baguette magique, la seule baguette magique en ce domaine. Il ne faut ni sous-estimer, ni surestimer ce rôle des traductions d'œuvres littéraires. Il est sans doute encore aujourd'hui privilégié comme moyen d'accès à une culture internationale, mais il ne faut jamais oublier cependant que la littérature n'est qu'un des moyens d'accès à cette culture, parmi des contacts de toute sorte, ceux que procurent l'étude historique, ou géographique, ou économique; ou les voyages, ou le cinéma quand ils sont réalisés comme des moyens de culture. Il n'y a pas non plus d'impérialisme littéraire en ce domaine.

En revanche, c'est l'opération de traduction elle-même qui pose de vrais problèmes culturels, si on la considère en relation avec la prise de conscience des interdépendances entre littératures. Ce sont des problèmes qui, traditionnellement, sont de la compétence de la littérature comparée. Elle y a toujours été très attentive : en France tout au moins, la littérature comparée est probablement la première des sciences humaines proprement dites qui ait disposé d'une chaire au Collège de France, dès 1833, avec Fauriel. C'est dans la *Revue de Littérature Comparée*, et dans les bibliographies de littérature comparée, qu'on trouvait sans doute jusqu'à ces dernières années la documentation la plus copieuse sur la traduction dans ses fonctions de moyen de contact entre littératures, donc entre cultures. Mais, en littérature comparée, la traduction est presque toujours acceptée comme une donnée en soi, qui ne pose que des problèmes historiques, littéraires ou esthétiques (comment une époque a conçu et pratiqué l'art de traduire). Jamais ou presque on ne se pose à son endroit des problèmes proprement linguistiques, ceux qu'on pourrait nommer de la *fiabilité* des traductions. Est-ce que nous avons vraiment une traduction française des *Mille et une nuits* ? Quelle distorsion a subi toute l'œuvre de Dostoïevski, dans son contenu même, à travers toutes les traductions françaises ? La traduction anglaise des poèmes persans de Hafiz nous donne-t-elle une image de la Perse médiévale, ou une image de la sensibilité 1900 à Londres ? Sur ce point, il faut prendre conscience que la traduction littéraire n'est jamais un document brut, utilisable directement : il y a des traductions qui effacent les différences culturelles, il y en a qui les grossissent, il y en a peut-être qui parviennent à les respecter. Il faut distinguer ces espèces de traduction avant de les utiliser pour la comparaison.

Un autre problème est celui que pose la traduction, surtout littéraire, comme source de réflexion sur la psychologie des peuples. La littérature comparée a souvent bien étudié les déformations subies par l'image d'un peuple à travers sa représentation par un écrivain étranger : comment Taine a vu l'Angleterre, ou comment Michelet a vu l'Allemagne. Et ces travaux ont été pour la plupart très démythifiants, donc très utiles à la compréhension interculturelle véritable. Mais un autre courant de réflexion, né chez les traducteurs et les enseignants de langues vivantes, a donné corps — sinon donné naissance — à une série de mythes tenaces et néfastes en ce qu'ils sont des mythes et non des images aussi objectives et modestes que possibles de la réalité. La traduction, ses étonnements, ses découvertes et ses difficultés se sont exprimés à travers les mythes du « génie de la langue », dont la substance est celle-ci : le travail même de la traduction révélerait que chaque langue a un génie propre — Humboldt disait : une façon propre de voir et d'obliger à voir le monde. Et par le biais de l'analyse de ce génie de la langue, on aboutirait à pouvoir décrire la « mentalité » de la communauté linguistique manifestée par cette langue. Le point de vue des linguistes aujourd'hui est infiniment plus nuancé et plus prudent, et en tout cas très différent, de celui de Rivarol ou de celui de Humboldt qui traînent dans toutes les têtes : il est probable qu'au moins dans certaines zones du lexique et de la syntaxe, chaque langue a sa façon souvent irréductible d'analyser et d'exprimer son expérience du monde non linguistique, — mais il reste beaucoup de travail à faire pour le démontrer et le comprendre scientifiquement. De plus on ne peut jamais, dans l'état actuel de nos connaissances, conclure de la langue à la mentalité. « Il y a des langues, disait excellemment J. Vendryes, qui ont perdu l'infinitif, le grec moderne par exemple, ou le bulgare : cela n'implique pas qu'un Grec ou un Bulgare ait perdu la faculté de concevoir abstraitement une action verbale. » Il est imprudent de tirer du fait (et même de beaucoup de faits analogues) que l'anglais dit : « The horsemen *rode* into the yard » là où le Français dit : « Les cavaliers sont *entrés* dans la cour », la conclusion que l'Anglais a une mentalité concrète et le Français une mentalité abstraite. La psychologie des peuples existe certainement; mais c'est encore aujourd'hui une donnée appréhendée de façon presque entière intuitivement; c'est une donnée très complexe, dont l'analyse scientifique est encore loin d'être constituée; et, en tout cas, pas sur la base de l'expérience linguistique qu'on peut tirer — correctement — de l'opération de traduction. C'est une tentation permanente du professeur de langues vivantes ou de littérature comparée, parce qu'il aime la langue qu'il enseigne et la culture que véhicule cette langue, de vouloir y trouver des mérites et des beautés, des profondeurs et des subtilités à nulles autres pareilles. Mais longtemps encore, quand il s'agira de passer de la langue au caractère national, un linguiste ne peut conseiller que la plus extrême prudence, j'irai même jusqu'à dire l'abstention.

Y a-t-il d'autres problèmes de la traduction en relation avec une vue internationale de la littérature ? S'il s'agit par là d'apprendre à considérer les littératures nationales dans toutes leurs interdépendances et toutes leurs interactions (sans vouloir en privilégier quelques-unes pour les besoins idéologiques du moment) ce n'est pas là un problème en ce sens qu'on est conscient depuis longtemps de ces phénomènes, et qu'on les étudie : le seul problème ici, qui ne diffère pas de celui de toutes les autres sciences, c'est celui du perfectionnement des principes et des méthodes d'analyse qui sont ceux de l'histoire littéraire et de la littérature comparée, et de ce qu'on commence à appeler soit la littérature générale, soit la science de la littérature. Si prendre une vue internationale de la culture signifie aussi faire prendre conscience à un public de plus en plus étendu de cette interdépendance et de ces interactions, et à travers elles, d'une réalité européenne, par exemple, commune à toutes ou presque toutes les littératures des nations qui constituent l'Europe, il s'agit alors d'un problème pédagogique, politique, social et humain. La solution la plus élémentaire, c'est certainement : traduire, traduire plus, traduire mieux. Mais sans oublier, ici aussi, l'existence de moyens d'action plus massifs pour conditionner les lecteurs dans ce domaine : des expériences récentes ont prouvé qu'on peut déclencher en quelques mois, chez des millions d'hommes et de femmes qui ne l'avaient apparemment jamais connu, l'antisémitisme ou le racisme — ou bien réveiller en moins de temps encore une anglophobie, ou une germanophobie, ou une italophobie qui n'étaient qu'assoupies et non détruites, comme ces microbes dont on paralyse la virulence sans les détruire ni les expulser. L'action civique qu'on vise alors ici ne doit donc pas nourrir d'espoirs exagérés — mais c'est aussi sa revanche de garder la tête froide, et de travailler à long terme. Visant non pas à conditionner vite et sommairement, mais à former sur ces problèmes des têtes bien faites et des esprits mûris, on a la satisfaction de travailler en profondeur, scientifiquement, lentement certes mais solidement. Une propagande peut être contrebattue par une autre propagande. Une formation, une éducation, sont beaucoup plus difficiles à détruire. L'ont prouvé tous ceux qui, dans des circonstances ou la pression idéologique était scientifiquement organisée, ont su résister à l'anglophobie, à l'antisémitisme, ou à la soviétophobie conditionnés. Une telle formation vraie, de plus, est la seule qui soit capable de nous assurer d'une prise de conscience européenne qui ne puisse être transformée en une espèce de chauvinisme continental, qui reposerait les mêmes problèmes que le chauvinisme traditionnel, à un échelon supérieur dans la puissance d'effet et dans les risques courus.

Si, de ces altitudes où il n'est pas inutile d'aller quelquefois respirer, nous redescendons sur la terre des problèmes pratiques, il reste sans doute à examiner celui-ci : comment introduire des perspectives européennes dans l'enseignement des littératures ? En dehors des questions de programmes scolaires (mais ces programmes existent) tout ici semble tenir en quelques règles d'hygiène pédagogique. Etudier le moins possible d'auteurs anciens, le plus possible d'auteurs du XXᵉ siècle. Se préoccuper moins de démontrer que Shakespeare est bien anglais, ou que Dante est typiquement italien — problèmes d'une grande complexité, qui peut-être même n'ont pas de sens — que d'éclairer par où Shakespeare est shakespearien, par où Dante est dantesque. Se défier du grossissement affectif, dû à l'intérêt normal que tout spécialiste porte à sa spécialité : ne jamais oublier que tout germaniste est guetté par la germanophilie, tout angliciste par l'anglomanie, au sens péjoratif où ces termes impliquent étroitesse de pensée. Mais surtout, pour fournir à nos élèves, à nos étudiants, les moyens véritables d'accéder par eux-mêmes à leur propre perspective européenne de la littérature, j'oserai aller plus loin, jusqu''à l'iconoclastie; je soutiendrai que l'article premier de toute pédagogie dans ce domaine est celui-ci : d'abord enseigner la langue, encore la langue, et toujours la langue; être conscient que l'enseignement de la littérature étrangère à travers une langue, et surtout que l'enseignement d'idées sur la littérature étrangère et sur le caractère national qu'on croit pouvoir en déduire, sont longtemps prématurés. Sur ce point même, plutôt désapprendre qu'apprendre : désapprendre à conclure des structures linguistiques différentes à des mentalités différentes, désapprendre à juger un peuple sur quatre ou huit auteurs, même typiques — pour apprendre encore et toujours à lire et parler d'abord. [1]

---

[1] Ce texte a été publié dans le *Bulletin du Centre Européen de la Culture*, XIII, 1, mai 1967, pp. 60-66.

LA TRADUCTION AU THEATRE

La traduction théâtrale, plus et mieux qu'une autre, illustre l'importance — pour une version totalement fidèle — de ces éléments complexes qu'on a nommés ci-dessus [1] les différents contextes d'un énoncé.

En effet, l'énoncé théâtral est spécialement conçu pour jouer dans le cadre de ces contextes, puisqu'il est toujours écrit en fonction d'un public donné, lequel résume en lui ces contextes, et connaît les situations dont ils sont l'expression, le plus souvent par simple allusion : contexte littéraire (c'est toute la tradition théâtrale du pays où la pièce est écrite), contexte social, contexte moral, contexte culturel

---

[1] Ces pages sont extraites du manuscrit français d'un ouvrage paru en traduction italienne sous le titre *Teoria et storia della traduzione* (Piccola biblioteca Einaudi, traduzione di Stefania Morandi, Torino 1965, 227 p.) et en traduction allemande sous le titre *Die Übersetzung, Geschichte, Theorie, Anwendung* (Nymphenburger Verlagshandlung, München 1967, 215 p., traduction du Prof. Harro Stammerjohann). Le texte de ce chapitre sur la traduction théâtrale est incomplet dans l'édition italienne.

au sens large, contexte géographique, contexte historique
— contexte de toute une civilisation présente à chaque
point du texte sur la scène et dans la salle.

Ceci explique que le théâtre étranger ait pénétré plus
lentement les cultures nationales que le reste de la littérature. Depuis Henri IV jusqu'à Louis XVI, la *Commedia
dell'Arte* a certes disposé d'une salle à Paris (le théâtre des
Italiens, qui a donné son nom au boulevard du même nom),
mais on y jouait en italien : condition expresse, écrite, qui
justifiait le privilège du roi. Pour la goûter, donc, il fallait
savoir l'italien — ou bien se contenter de ce langage universel que constituent la mimique, l'expression gestuelle ou
corporelle, la pantomime. La *Mandragola* de Machiavel
n'a jamais conquis à Paris la place qu'elle mériterait par sa
puissance comique : elle est moins « au répertoire » —
malgré l'anticléricalisme français qui devrait s'y complaire
— qu'aucune pièce de Tchekov : ceci parce que, sûrement,
la possession de tout un contexte historico-culturel (celui de
la vie italienne du XVIe siècle) est nécessaire pour la goûter
pleinement, contexte que tout Italien doit acquérir à l'école
et dans la vie italienne. Shakespeare était encore, sinon
inconnu, du moins totalement méconnu et repoussé comme
une nourriture étrangère par la culture française, à une
époque où déjà bien d'autres éléments de la culture anglaise
passaient en France sans difficulté : l'athéisme et l'agnosti-
cisme des matérialistes anglais du début du VIIIe (les
Bolingbroke, etc.), la politique anglaise (à travers Mon-
tesquieu, Voltaire, etc.), même la littérature anglaise (avec
Richardson et ses romans, *Clarisse Harlowe*, etc.). De son
côté le théâtre vénitien de Goldoni, traduit pourtant par
son auteur sur place à Paris, n'y trouvait pas le succès.
Ni Goethe, ni Schiller, ni Gogol n'ont connu hors de chez

eux pendant longtemps l'immense succès qui correspond à la qualité de leur dramaturgie.

Le théâtre, riche de la vie des situations les plus immédiates et les plus totales d'un peuple, et qui présente ces situations sans le long commentaire (ethnographique, en somme) dont elles bénéficient dans n'importe quel roman, reste pendant longtemps la forme la plus rebelle à la circulation des idées. (Quand un théâtre du passé devient international, comme le théâtre de la *Commedia dell'Arte*, ou plus tard le théâtre classique français, c'est parce que la culture dont il est l'expression est déjà internationalisée : par les guerres d'Italie, ou par l'hégémonie française louis-quatorzienne.) On peut même avancer que le théâtre n'est devenu une valeur culturelle internationale (et non encore : de masse) qu'au XXe siècle, grâce aux brassages culturels opérés par l'accélération des communications de toute sorte — et fort lentement d'abord. Après la première guerre mondiale, un dixième des pièces jouées à Paris étaient des traductions; aujourd'hui c'est généralement le quart.

Traduire une œuvre théâtrale étrangère ç'a été, et c'est encore, vaincre toutes ces résistances sourdes, inavouées, qu'une culture offre à sa pénétration par une autre, dès qu'il ne s'agit plus des formes purement intellectuelles de la communication. Circonstance aggravante, cette lutte que représente une traduction théâtrale, c'est une bataille dont le résultat se joue en une seule fois : la pièce passe ou ne passe pas la rampe, les auditeurs jugent presque sans appel (à la différence du poème ou du roman, dont la fortune est liée à la pénétration lente, lecteur après lecteur, et dont le procès, recommencé pour chaque lecture, s'instruit lentement, dans le calme de chaque jugement successif).

Tout ceci justifie le fait que la traduction théâtrale, quand elle est écrite, non pas pour une édition scolaire, universitaire, ou critique, uniquement faites pour être lues — mais quand elle est écrite pour être jouée, doive traiter le texte original de telle façon qu'on se trouve toujours en présence d'une adaptation autant que d'une traduction. Avant d'être fidèle au vocabulaire, à la grammaire, à la syntaxe, au style même de chaque phrase quelconque du texte, il faut d'abord être fidèle à ce qui fait que c'est un succès théâtral dans son pays d'origine. Il faut en traduire la valeur proprement théâtrale avant de se soucier d'en rendre la valeur littéraire ou poétique (et s'il y a conflit dans la traduction de ces deux valeurs, choisir la première, contre la seconde). Il faut, comme disait Mérimée, non pas traduire l'ouvrage (écrit) mais traduire la pièce (jouée).

C'est ce qui explique pourquoi le traducteur d'une œuvre théâtrale — qu'on appellera plus souvent l'adaptateur — recourra presque toujours aux procédés de traduction les moins textuellement fidèles, à ceux que Vinay nomme la transposition, la modulation, et surtout l'équivalence, et l'adaptation : ceci, parce qu'il doit traduire non seulement des énoncés, mais des contextes et des situations, de façon qu'on puisse immédiatement les comprendre au point de rire ou de pleurer.

Prenons comme exemple la traduction du *Revizor* de Gogol. Tout le monde admettra, au départ, la légitimité de remplacer un dicton par un autre, un proverbe par un autre. Inutile de dire, très fidèlement, que Khlistakov est arrivé le jour de saint Basile l'Egyptien, puisque le public occidental ignore qu'il s'agit du 19 février (la fidélité aux mots, ici, serait la suprême infidélité par-dessus le marché : on priverait ainsi l'auditeur d'une des deux seules indications concernant le moment de l'année où se passe la pièce, et c'est un détail utile pour la compréhension de certains moments). A quoi bon traduire telle ou telle exclamation

comme : *Je suis un orphelin d'Astrakan,* ou bien : *Grand'*
maman, voici la Saint-Georges ! ? (Pour comprendre exactement les racines de cette dernière dans la vie russe, il
faut une page de commentaire historique). Mieux vaut dire
le sens de la phrase : *Il ne manquerait plus que ça !* Quant
à la traduction des noms propres russes, prénom, nom
patronymique, nom de famille : Piotr Ivanovitch Bobt-
chinski, par exemple, leur usage combiné fait qu'un même
personnage se voit désigné par trois sortes de noms différents, ce qui fait rapidement perdre pied, même à l'auditeur. Aussi Mérimée s'est-il montré un traducteur avisé en
adoptant ici comme solution le remplacement de tous les
noms patronymiques par les titres ou fonctions des personnages, pour éviter d'égarer le lecteur (même les noms de
famille, à la longue, parce qu'ils sont peu familiers, provo-
quent cet effet). A chaque réplique, le traducteur a raison
d'indiquer : le Recteur, le Gouverneur, le Directeur des
Postes, l'Administrateur des hospices, etc. On peut même
regretter qu'il n'ait pas utilisé plus ce procédé dans le corps
du dialogue.

Mais les transpositions doivent aller plus loin. Gogol, à
la suite de la tradition comique russe, affectionne les noms
symboliques : ses agents de police s'appellent Svistunov
(Sifflard), Pugovitsin (Boutonnard) et Derjimorda (Ferme-
ta-gueule); l'administrateur des hospices s'appelle Zem-
lianika, — La Fraise. Indubitablement, il s'agit là d'éléments comiques voulus de la part de l'auteur, et, dans une
traduction savante, il faudrait soit les respecter, soit le
mentionner dans une note. Mais à la scène ? On peut
soutenir que selon le parti pris du metteur en scène
(accentuer l'aspect de grosse farce du *Revizor,* ou de
comédie de mœurs au contraire), il faudrait soit franciser
ces quatre surnoms, soit s'en garder formellement. Le

problème de savoir si les surnoms fidèlement calqués comme Sifflard, et Boutonnard, sont d'un effet comique sûr en français se poserait d'ailleurs : et pour notre part, nous pensons qu'ils donneraient à la fois l'impression d'une ficelle comique trop grosse (du niveau des personnages de bandes dessinées, comme ceux de *Pieds-Nickelés*), et d'un manque de vraisemblance en français. L'adaptateur en ce cas devrait chercher des noms propres français comiques et cependant susceptibles d'être rencontrés dans la vie courante [2].

Là ne se bornent pas les retouches, somme toute superficielles, au texte. Le Gouverneur (autre problème : c'est en russe le *gorodničii*, espèce de commissaire de police d'une petite ville et de son district; *gouverneur* est une traduction trop relevée. Fallait-il écrire sous-préfet, qui est inexact, ou commissaire de police, fidèle mais faux, puisque les attributions du *gorodničii* russe tiennent à la fois de l'un et de l'autre ?), le Gouverneur, donc, donnant des instructions à l'Administrateur des hospices, lui recommande : « Surtout, que vos malades n'aient pas l'air de forgerons ! » C'est certain que l'auditeur français n'associera pas immédiatement les idées de noirceur et de saleté, nettement péjoratives, à ce terme. Mérimée a eu raison de leur substituer des ramoneurs. (Il est non moins sûr que, dans un texte écrit, cette version laisserait perdre une association significative de la langue russe, une note qui classe subtilement les forgerons dans l'échelle sociale.)

---

[2] On peut demeurer d'accord aussi sur le fait que certains diminutifs russes, indiquant une espèce de respect patriarcal, sont intraduisibles en français; que, même, leur traduction déconcerte ou fourvoie le lecteur français : dire *Mon petit père* à un personnage de vingt-trois ans n'a pas de sens en français. Mieux vaut garder *batouchka*.

Faut-il aller plus loin encore ? On a reproché à Mérimée d'avoir traduit l'expression indignée et méprisante d'un personnage — lequel dit du Gouverneur que le grade de général lui ira comme une selle à une vache — par cette autre expression : *comme des manchettes à un cochon*. C'est un exemple excellent de ce fait qu'au théâtre on traduit toujours pour un public donné. Dans une société où tout ce qui se rattache au cheval est vivant, parce que le cheval y est partie de la vie quotidienne, l'expression russe peut être gardée. Mérimée a dû penser que, pour son public parisien de 1853, son équivalence était plus parlante. Elle évoque le caniche, dont on taille soigneusement le poil d'une manière classique : tête de lion, pompon à la queue, manchettes aux pattes. Elle suggère donc un cochon qu'on déguiserait en chien d'appartement : aux yeux de toutes les dames de la société bourgeoise sous Napoléon III, cette équivalence avait sans doute plus de force que le texte russe; c'eût été l'inverse à la cour de Louis XIV, dans et pour une société férue de chasse à courre.

On peut penser qu'il ne s'agit là, au fond, que de détails, et que, respectés ou non, traduits bien ou mal, ce n'est pas d'eux que dépend la saveur de la pièce. Il faut observer, avant de répondre sur le fond de cet argument, que l'atmosphère d'une pièce est faite d'impondérables, et qu'il suffit de détails mal venus ici ou là pour empêcher que le texte rende le son plein qu'il doit avoir à la scène. Mais il est certain que ce n'est pas un grand crime de faire dire à un personnage dont la bouche sent trop l'alcool : « Eh bien, qu'il mange de l'ail ! » (alors que les Russes n'en mangent guère, et que le texte porte : de l'oignon [3], expression très

---

[3] Mérimée de la même façon dit d'un personnage : *C'est une canaille qui boit de l'absinthe*, là où le russe dit : *C'est un pochard*. Mais qu'on pense à ce qu'était l'absinthe dans l'alcoolisme français

compréhensible, que Mérimée a peut-être écartée parce que l'oignon est en France nourriture populaire, tandis que l'ail est gourmet, convenable donc pour un personnage d'assesseur au tribunal).

Mais, dans un endroit du texte, Gogol fait parler le Gouverneur, qui donne des ordres afin qu'on jette de la poudre aux yeux de l'Inspecteur Général : « Vous allez planter des jalons dans l'enclos, près du bottier, comme si on allait le niveler ! Les démolitions, voyez-vous, plus il y en a... » Or Mérimée a remplacé ce passage par le texte suivant : « ... Comme si on allait y faire des constructions. Des constructions, voyez-vous, plus il y en a, il n'y a rien qui témoigne plus de l'activité de l'administration. » Les raisons du traducteur ne sont pas très visibles; mais celles qu'on peut entrevoir sont très instructives. Il ne faut pas oublier qu'il est un écrivain bien en Cour, ami de l'Impératrice, et qu'il écrit à l'époque où le Second Empire va mettre en chantier, sous l'impulsion du Baron Haussmann, d'immenses travaux de démolition, pour la percée des grands boulevards. Mérimée a pu juger qu'il ne fallait pas parler de corde dans la maison d'un pendu, et que le mot *démolition* (qui serait excellent dans la situation parisienne) risquait d'avoir des implications politiques, dont il voulait d'autant moins qu'elles eussent été de circonstance. Comme le Second Empire a beaucoup construit aussi, le mot construction gardait le coup de patte du texte russe, mais le donnait ailleurs. Quoi qu'il en soit, ce tout petit problème d'histoire littéraire à résoudre eût été en 1853 un gros problème théâtral, et comme on le voit, il est

de l'époque. Aujourd'hui, naturellement, la traduction ne vaudrait plus rien.

lié tout entier aux conditions les plus concrètes de la traduction au théâtre.

Plus nettement encore, la réplique centrale du *Revizor*, celle qui résume toute la pièce, pose un beau problème de traduction. Le Gouverneur, qui réprimande ses subordonnés, dit à l'un d'eux : « *Ty ne po činu berëš.* » Mérimée a traduit, dans un article où il présentait Gogol : « Tu voles trop pour ta place », et dans la traduction complète de la pièce : « Tu n'es pas d'un rang à voler comme cela. » Le texte rendu mot à mot dirait exactement : « Tu ne prends pas selon ton grade », et Mérimée le donne en note. Mais, comme dit Cary, au théâtre, à la scène, on ne peut pas expliquer les intentions du texte par des notes au bas des pages. La première traduction reste indubitablement la meilleure, la plus claire, la mieux frappée; sous cette forme elle est devenue un dicton en français. En Russie, la phrase de Gogol est passée en proverbe. On n'en saisit totalement le « comique terrible » que si l'on sait qu'en Russie la hiérarchie de toutes les administrations était très rigoureusement organisée, avec ses uniformes pour tous les fonctionnaires, ses règles de préséance, sa minutieuse étiquette dans l'emploi des formules de politesse, ses équivalences de grades de ministère à ministère, etc. Tout cela, c'était le *čin*, le rang, c'était aussi la hiérarchie, l'ordre cérémoniel. En russe, le fonctionnaire s'appelle le *činovnik* (le gradé); le corps des fonctionnaires, la *činovničestvo*. « Sans façon », « sans cérémonie », c'est « *bez činov* »; faire des façons, c'est *činit'*; être cérémonieux, *činnyi*. On entre dans une salle à manger, on s'assied *po činu*, selon les préséances, selon le grade, etc. On sent l'étendue et la force du mot, d'après cette ambiance sémantique. D'où le sarcasme de la formule gogolienne. Mérimée regrettait d'avoir dû changer l'expression, et « d'en avoir affaibli l'énergie pour la rendre intelligible au lecteur français » (de son temps). Mais aujourd'hui, au moins en France, la réglementation des fonctions avec ses classes et ses échelons, où la codification des salaires et des traitements avec ses indices interprofessionnels, ses parités et ses péréquations, ont atteint un degré comparable en rigueur systématique au *čin*, on peut penser qu'une bonne et forte traduction de la phrase de Gogol est possible. Si le Gouverneur disait aujourd'hui sur la scène à son policier : « Fais attention, tu voles trop pour un agent de police du troisième échelon », ou bien : « Tu voles trop pour un inspecteur de deuxième classe » tout le sel du texte passerait en français.

Cette idée, qu'on peut traduire la langue d'une œuvre théâtrale sans traduire la pièce, reçoit, dans le cas du *Revizor*, une autre et bien curieuse confirmation : la critique des slavisants contemporains n'a pas relevé moins de deux cents fautes de traduction dans le texte de Mérimée, dont une bonne moitié de contresens [4]. Et pourtant, la traduction de Mérimée permettait et permet encore de comprendre le sens et la valeur *théâtrale* de la pièce : dans cette traduction, le théâtre passait.

Naturellement, de nos jours, on peut concevoir une traduction théâtrale qui, au lieu d'adapter la pièce au public pour lequel elle est traduite, cherche à sauvegarder l'originalité nationale et culturelle de cette pièce — et demande au spectateur de faire l'effort de s'adapter lui-même au texte traduit dans toute son étrangéité. Cette espèce de traduction restera toujours une tentative d'avant-garde, destinée à un public restreint, comme c'est le cas pour les *nô* japonais (qui sont d'ailleurs sauvés en partie

---

[4] Voir Mérimée, *Œuvres complètes,* éd. citée, vol. X, t. 2, notes de H. Mongault, pp. 494-530.

aux yeux du spectateur occidental un peu comme la *Commedia dell'Arte* : par le langage universel des décors, des costumes, de la mimique et de l'expression corporelle).

La vraie traduction théâtrale restera toujours cette espèce de traduction-adaptation difficile qu'on vient de décrire et de justifier sur un exemple. Yves Florenne avait raison, lors du débat sur la traduction de Shakespeare [5], de soutenir que la traduction d'une grande œuvre théâtrale doit être refaite tous les cinquante ans : non seulement pour profiter de toutes les découvertes et de tous les perfectionnements des éditions critiques — mais surtout pour mettre l'œuvre au diapason d'une pensée, d'une sensibilité, d'une société, d'une langue qui, entre-temps, ont évolué, ont changé. [6]

---

[5] Voir « Shakespeare à neuf », dans *Le Monde*, 18 août 1955.

[6] Ce texte a été publié dans la revue *Babel*, XIV, 1, 1968, pp. 7-11.

UN POEME ET CINQ TRADUCTIONS
(1971)

Les traductions ont tous ces temps-ci été largement utilisées comme documents scientifiques, pour mettre en évidence les différences ou les ressemblances de structure entre deux langues [1]. Auparavant, déjà, on les avait utilisées — beaucoup trop, et beaucoup trop hasardeusement — pour essayer de saisir les différences dans ce qu'on appelait les mentalités, ou la psychologie des peuples. Dans le domaine littéraire enfin, les comparaisons de traductions ont toujours servi à juger les traducteurs et les textes traduits [2].

On peut se demander si les traductions ne pourraient pas être utilisées aussi comme matériaux scientifiques pour essayer de saisir ce qu'est la poésie. Certes, on peut sou-

---

[1] Par exemple Vinay et Darbelnet dans leur *Stylistique comparée du français et de l'anglais*; et les travaux de Mario Wandruszka.

[2] Voir par exemple, G. Mounin, *Lyrisme de Dante*, Presses Universitaires de France, 1964, pp. 85-104.

tenir que la poésie est intraduisible. Toutefois, même pour démontrer cette affirmation, je pense que le meilleur moyen serait encore une comparaison scientifique entre l'original et ses traductions, mais une comparaison qui réussirait à définir objectivement *ce qui manque* aux traductions, et qui par conséquent doit être présent d'une manière ou de l'autre dans l'original. Cependant on peut postuler aussi qu'une pratique bi-millénaire a prouvé que la poésie est traduisible. Le problème est alors inverse : mettre en évidence ce qui est à la fois dans l'original et dans les traductions qu'on en donne. Un cas particulièrement favorable devrait être celui d'un poème traduit par plusieurs traducteurs dans la même langue, à la même époque.

On a choisi, pour explorer les possibilités d'une telle méthode, un poème italien d'Umberto Saba, écrit en 1909 et publié dans le *Canzoniere* (3ᵉ édition, Turin, Einaudi, 1957, p. 72).

> LA CAPRA
> Ho parlato a una capra.
> Era sola sul prato, era legata.
> Sazia d'erba, bagnata
> dalla pioggia, belava.
>
> Quell'uguale belato era fraterno
> al mio dolore. Ed io risposi, prima
> per celia, poi perché il dolore è eterno,
> ha una voce e non varia.
> Questa voce sentiva
> gemere in una capra solitaria.
>
> In una capra dal viso semita
> sentiva querelarsi ogni altro male,
> ogni altra vita.

Les cinq traductions qu'on utilisera vont, chronologiquement, de 1957 à 1962.

La première, de Guglielmo Alberti, a paru dans le numéro 2 de la revue *Formes et couleurs* (1945), numéro spécial sur *La Poésie.*

> J'ai parlé à une chèvre
> seule dans le pré, la corde au cou.
> Rassasiée d'herbe, trempée
> de pluie, elle bêlait.
> Ce bêlement, égal à ma douleur
> était fraternel. Je répondis : d'abord
> par bonne humeur — et puis
> parce que la douleur est éternelle,
> elle n'a qu'une voix, invariable.
> Et cette voix, je l'entendais
> dans une chèvre solitaire.
> Dans une chèvre au visage sémite
> j'entendais tout autre mal se plaindre,
> toute autre vie.

La deuxième a paru dans le numéro 8/1957 du *Journal des Poètes* (Bruxelles), elle doit être de Van Nuffel ou de Clérici.

> J'ai parlé à une chèvre.
> Elle était seule sur le pré; elle était liée.
> Repue d'herbe, trempée
> par la pluie, elle bêlait.
>
> Son bêlement était frère
> de ma douleur. Je répondis d'abord
> pour rire; et puis parce que la douleur est éternelle,
> elle n'a qu'une voix, invariable.
>
> Cette voix je l'entendais
> gémir en une chèvre solitaire.
> En une chèvre aux traits sémites
> j'entendais se plaindre tout autre mal,
> toute autre vie.

La troisième traduction, de l'auteur de ces lignes, a paru dans le numéro de février 1958 de la revue *Critique.*

J'ai parlé à une chèvre.
Elle était toute seule dans un pré, attachée.
Gonflée d'herbe, trempée
de pluie, elle bêlait.
Son bêlement monotone était fraternel
à ma douleur. Et je lui répondis, d'abord
pour m'amuser, puis parce que la douleur est
[éternelle,
et n'a qu'une voix, toujours la même.
Cette voix, je l'entendais
passer dans un bêlement solitaire.

Dans la voix d'une chèvre à tête de Juif
j'entendais la voix de tous les maux,
la plainte de toutes les vies.

La quatrième est celle de Maurice Javion, parue dans
le numéro 1156 (décembre 1959) du *Mercure de France*,
numéro sur la poésie moderne italienne.

J'ai parlé à une chèvre.
Elle était seule dans le pré, elle était attachée.
Rassasiée d'herbe, ruisselante
sous la pluie, elle bêlait.

Ce bêlement monotone était à ma douleur
fraternel. Et j'y répondis, par jeu
d'abord, et puis car la douleur est éternelle,
elle n'a qu'une voix, invariable.
J'entendais cette voix gémir
en une chèvre délaissée.
En une chèvre à la face sémite
j'entendais se plaindre toutes les douleurs,
toutes les vies.

La cinquième traduction est de Georges Haldas, qui est
lui-même un poète. Elle a paru en 1962, aux Editions
Rencontre de Lausanne, dans un volume de traductions de
Saba, *Vingt et un poèmes*.

Une chèvre était seule
à l'attache en son pré.
Et je lui ai parlé.
Gavée d'herbe, inondée
par l'averse, elle bêlait.

Bêlement monotone et qui était
pour ma douleur un frère.
J'ai répondu, par jeu d'abord, et puis
parce que la douleur est éternelle,
ayant sa voix à elle, unique,
et non plusieurs.
Sa voix, que j'entendais gémir
en une chèvre solitaire.
Une chèvre à l'air juif
en qui se lamentait le mal
profond de toute vie.

On peut naturellement soutenir que ce qui est *esthétique-ment pertinent*, dans ce poème de Saba, c'est sa structure métrique, et que, par conséquent, nul des cinq traducteurs ne l'a traduit, nul lecteur à travers ces traductions ne peut atteindre les signifiés poétiques transmis par les signifiants métriques de l'original. En effet, nul des traducteurs, bien qu'ils aient tous traduit le texte en lignes inégales, n'a respecté le schéma métrique de *La capra*, composé d'une suite de vers de sept et onze syllabes, sauf le dernier vers :

Saba :	7-11-7-7-11-11-11- 7- 7-11-11-11-5
Alberti :	7- 9-7-6-10-*11*- 6-10- 9- 8-10-10-9-4
J. des Poètes :	7-12-6-7- 9-10-14- 9- 7-10- 8-10-4
Mounin :	7-13-6-6-12-12-15- 9- 7-10-*11*- 9-8
Javion :	7-14-8-7-13-10-12- 9- 8- 8-10-*11*-4
Haldas :	6- 6-6-6- 7-10- 6-10-10- 8- 4- 8-8-6-8-6

Le nombre des vers (13) n'est respecté que par trois traducteurs sur cinq. Le nombre des vers traduits qui ont le même nombre de syllabes que l'original (ils sont en italiques) est faible. Si cette structure métrique était esthétiquement pertinente, c'est-à-dire en corrélation spécifique avec le signifié poétique de ce poème, il faudrait expliquer pourquoi le grand poème de Leopardi, *A sé stesso*, constitué lui aussi d'une suite analogue (7-11-11-7-11-7-11-11-7-11-7-11-11-7-11-7), a un signifié poétique si différent — sauf à prétendre que la spécificité des deux textes est due uniquement au fait que l'un a 13 vers et l'autre 16, à la distribution différente des heptasyllabes et des hendécasyllabes, et aussi à la singularité du vers final chez Saba. *La capra*, chose non fréquente en italien, est assonancée (en *a* et *o*) et même, pour 8 vers, rimée (en *ata, terno, aria, ita*). Aucune traduction ne semble avoir cherché cette fidélité qui se réalise elle aussi, très faiblement, pour deux ou trois vers, par hasard. Mieux vaut penser, fût-ce provisoirement, que les règles métriques ont une valeur d'indice culturel pour les lecteurs de l'original (c'est ce que Hjelmslev appelait à tort une « langue de connotation ») et une valeur d'écho culturel contagieux (ici, la forme choisie par Saba bénéficie du souvenir prestigieux de Leopardi pour les lecteurs qui lisent encore ce dernier). La valeur esthétique du poème n'est pas liée globalement ni automatiquement à ses structures métriques : si certains éléments métriques sont esthétiquement pertinents ici, il faudra montrer que c'est parce qu'ils ont une fonction précise dans la transmission du signifié esthétique du poème.

On pourrait aussi penser, quand on est influencé par toute la poésie française depuis Rimbaud, que ce qui est esthétiquement pertinent ce n'est pas la métrique —élément externe, plaqué, passe-partout, traditionnel —, mais la rythmique du poème liée à sa structure syntaxique — élément interne par où passe, pour une large part, la liaison intime entre signifiant et signifié linguistiques et poétiques. Il y a, dans le texte italien, quatre effets rythmiques voyants,

marqués par des enjambements (*bagnata/dalla pioggia,
prima/per celia, fraterno/al mio dolore, sentiva/gemere*).
Ces enjambements sont respectés, de façon diverse, chez
tous les traducteurs, probablement par fidélité au découpage rythmique-graphique de l'original. Peut-être l'effet en
est-il majoré en français où ils ne sont légitimés ni par la
métrique ni par la recherche de l'assonance ou de la rime.
Alberti et Haldas ajoutent un enjambement de leur cru.
Même si l'on pense qu'effectivement ces quatre effets sont
partie intégrante du rythme spécifique de ce texte, on aura
traduit sans comprendre tant qu'on ne saura pas, même
si on la pressent, leur pertinence propre ici, c'est-à-dire
leur contribution à la fonction spécifique du rythme d'ensemble de ce poème. Et ce rythme ne saurait être réduit à
ces quatre effets.

Pour essayer de déceler à quoi tient la poésie de ce texte,
on peut aussi chercher à identifier ce qui manque dans
certaines de ces cinq traductions. C'est une exploration
légitime : cinq traducteurs qui ont choisi, indépendamment
selon toute vraisemblance, de traduire ce poème parmi les
quelque quatre cents du *Canzioniere* (dont à peine le
dixième a été traduit en français), constituent vraiment par
la convergence de leur choix ce que Michael Riffaterre
appelle un archi-lecteur : cette convergence témoigne au
moins d'un accord sur le fait que tous ont ressenti particulièrement la poésie de ce poème. L'exploration est
cependant hasardeuse du fait qu'un des traducteurs sera ici
juge et partie.

Le point de départ, qui ne peut être que subjectif, est
celui-ci : ces traductions seront en général perçues comme
inégalement satisfaisantes, soit globalement, soit sur certains
points. L'étude de ces insatisfactions pourrait révéler soit
ce qui n'a pas été traduit, soit ce qu'il aurait fallu traduire,

Tableau 1

	Saba	Alberti	J. des Poètes	Mounin	Javion	Haldas
1.	sola	seule	seule	toute seule	seule	seule
2.	sul prato	dans le pré	sur le pré	dans un pré	dans le pré	en son pré
3.	legata	la corde au cou	liée	attachée	attachée	à l'attache
4.	sazia	rassasiée	repue	gonflée	rassasiée	gavée
5.	bagnata	trempée	trempée	trempée	ruisselante	inondée
6.	dalla pioggia	de pluie	par la pluie	de pluie	sous la pluie	par l'averse
7.	quell' [uguale]	ce	son	son	ce	Ø
8.	uguale [belato]	égal	égal	monotone	monotone	monotone
9.	fraterno	fraternel	frère de ma d.	fraternel	fraternel	un frère [pour]
10.	al mio dolore	à	de	à	à	pour
11.	risposi	répondis	répondis	répondis	répondis	j'ai répondu
12.	per celia	par bonne humeur	pour rire	pour m'amuser	par jeu	par jeu
13.	poi	et puis	et puis	puis	et puis	et puis
14.	perché	parce que	parce que	parce que	car	parce que
15.	ha una voce	n'a qu'une voix	n'a qu'une voix	n'a qu'une voix	n'a qu'une voix	ayant sa v. à elle
16.	e non varia	invariable	invariable	toujours la même	invariable	unique
17.	questa [voce]	[et] cette	cette	cette	cette	sa
18.	voce sentiva	cette voix, je l'ent.	cette voix, je l'...	cette voix, je l'...	j'entendais cette v.	[sa] v. que j'ent...
19.	gemere	gémir	gémir	passer	gémir	gémir
20.	in [una capra]	dans [une ch.]	en [une ch.]	dans [un bêlement]	en [une ch.]	en [une ch.]
21.	solitaria	solitaire	solitaire	solitaire	délaissée	solitaire
22.	in	dans	en	dans	en	Ø
23.	una	une	une	la voix d'une	une	une
24.	capra	chèvre	chèvre	chèvre	chèvre	chèvre
25.	dal viso	au visage	aux traits	à tête	à la face	à l'air
26.	semita	sémite	sémites	de Juif	sémite	juif
27.	sentiva	j'entendais [...]	j'entendais se pl.	j'entendais la voix	j'entendais se pl...	se lamentait
		se plaindre				
28.	ogni altro male	tout autre mal	tout autre mal	de tous les maux	toutes les douleurs	le mal profond
29.	ogni altra vita	toute autre vie	toute autre vie	de toutes les vies	toutes les vies	de toute vie

soit les deux, c'est-à-dire des traits poétiquement pertinents très précis du texte original. On a essayé d'objectiver cette procédure en recensant toutes les unités de traduction qui ont été rendues de façon différente par au moins deux traducteurs.

Tout d'abord, les cinq traducteurs transmettent sans erreur les signifiés proprement linguistiques d'un original dont la langue est très simple et très claire, sans une seule image poétique inventée par l'auteur. Il est difficile de percevoir une différence linguistique significative là où les traducteurs diffèrent, comme dans : *trempée de pluie, trempée par la pluie, ruisselante sous la pluie, inondée par l'averse*; ou bien dans : *rassasiée d'herbe, repue..., gonflée..., gavée...*; ou bien dans : *par bonne humeur, pour rire, pour m'amuser, par jeu,* etc. On peut poser qu'à travers n'importe laquelle des traductions, le lecteur atteint la substance et la forme du contenu linguistique de l'original. On peut aussi penser que, indépendamment de toute expression (la chèvre attachée sous la pluie, - son bêlement, - le poète qui s'amuse d'abord à lui répondre en bêlant, - puis perçoit la parenté profonde de toutes les détresses - et finit par reconnaître la plainte de toutes les vies dans la voix d'une chèvre dont le poète, Juif lui-même, s'aperçoit que la tête évoque le profil sémite classique) ce contenu doit transmettre une grande part du vécu poétique, de l'expérience intime non linguistique que le poète a voulu transmettre. Il y a d'abord une *situation* poétique, émotionnelle et culturelle ici. Le poème est en effet de 1909, à peu de temps notamment des pogromes qui marquèrent la révolution russe de 1905 — avec la répression qui suivit, notamment celle des Cent-Noirs. C'est une situation vécue antérieure à toute forme de l'expression. Les traductions sont égales au départ, du fait qu'elles transmettent toute la substance de cette situation (ce qui peut ne pas être le cas pour toutes les traductions de tous les poèmes, mais ce qui est plus fréquent qu'on ne croit : toutes les traductions de Dante, à part les difficultés d'interprétation, donnent au lecteur ce que Dante avait à dire et a dit, si elles ne réussissent pas toutes à suggérer comment il l'a dit).

D'où vient alors l'insatisfaction que laissent, au lecteur que je suis, certaines traductions ? De la forme de l'expression certes, *mais dans la mesure où celle-ci est aussi le signifiant du signifié poétique correspondant* de l'original. Par exemple, les nombreuses libertés que la traduction de Haldas prend avec les structures syntaxiques de l'original ne me choquent pas, malgré le fait qu'un traducteur universitaire a toujours tendance à préférer, à qualité égale, plus de fidélité au texte. Sans doute est-ce parce que, pour moi, ces modifications ne sont pas esthétiquement pertinentes, n'altèrent pas sensiblement le signifié poétique du texte. En revanche, depuis la première lecture, je suis très sensible à des imperfections très précises.

« *Sur* le pré » (J. des Poètes), mot à mot de l'italien, n'est pas dans l'usage français, c'est une gaucherie. « Dans *le* pré » même (Alberti, Javion) n'a pas de naturel; le français n'emploierait pas l'article défini dans ce cadre. Ces deux mot à mot constituent, bien que peu voyants, des italianismes. « *En* son pré » (Haldas) choque comme un archaïsme littéraire, un tour académique recherché, déplacé pour rendre Saba. Il faut en dire autant pour « *en* une chèvre » (J. de Poètes et Javion, répété deux fois).

Les inversions, qui ne sont pas dans le texte, sont pénibles pour la même raison : « à ma douleur était fraternel » (Alberti), « était à ma douleur fraternel » (Javion). Dans le même ordre d'idées, le « *car* [la douleur est éternelle] » (Javion) est inutilement littéraire à la place de *parce que*.

« La corde au cou » pour *legata* (Alberti) introduit un jeu de mots qui est une surcharge, étrangère à Saba. « Elle était *liée* », (J. des Poètes), n'est au contraire qu'un mot à mot maladroit, étranger au français.

Trois autres touches introduisent, pour mon oreille, un type différent de dissonance avec l'original. Il s'agit chaque fois d'un mot à mot qui manque de naturel en français. « Ce bêlement *égal* » (Alberti, Journal des Poètes), bien que le mot soit acceptable, est prosaïque, intellectuel, froid. « *Invariable* », pour rendre « *e non varia* » présente le même défaut d'appartenir au registre de la pose objective, et plate ici. Mais c'est surtout le « visage *sémite* » (Alberti), les « traits *sémites* » (J. des Poètes), « la face *sémite* » (Javion) qui détonent, peut-être au sommet émotionnel du poème, par la coloration purement scientifique, juridique, administrative ou polémique du mot « sémite » *en français*.

Enfin, le mot à mot qui traduit *ogni altro male* et *ogni altra vita* par *tout autre mal* et *toute autre vie* (Alberti, J. des Poètes), bien que très fidèle, offre l'inconvénient de mettre un accent expressif, malencontreux en français, sur *autre*, c'est-à-dire sur l'altérité des maux et des vies, alors qu'il s'agit de souligner leur parenté (l'imperfection de Haldas, toute différente, lui vient de s'être privé de la *répétition de tout*, très efficace pour la scansion du rythme : *le mal profond de toute vie* n'est pas à rejeter parce qu'il s'écarte du mot à mot, mais pour cette seule raison).

L'ensemble de ces réactions d'un lecteur dessine en creux, si l'on peut dire, ce qui est poétiquement pertinent pour lui dans la structure formelle des signifiants du texte de Saba : un ton très uni, très simple, et qui rase exprès, continuellement, la langue parlée. Ce ton est obtenu à partir d'un vocabulaire quotidien, sans recherche — sauf peut-être *querelarsi* et *gemere* — et d'une syntaxe déclarative, sobre, neutre. Les inversions pertinentes sont celles des vers 3 et 4, qui met en relief *belava*; celle de « *in una capra... sentiva* », importante pour la scansion désolée des trois vers de la fin (avec la répétition de *ogni*); et celle de « *questa voce sentiva* », si typiquement parlée. Pour dire ce qu'il a à dire, à aucun moment Saba n'élève la voix; il disait lui-même que ses vers les meilleurs ont un défaut terrible : « ils ne se voient pas ». *Tout ce qui contribue*, outre l'écho léopardien, *à recréer ce ton dans les traductions est esthétiquement pertinent, et cela seul.* Les problèmes de détail (métrique, rythme, inversions, mot à mot ou transpositions ou modulations, etc.) ne peuvent être résolus isolément, chacun pour lui-même, mais uniquement dans la mesure où ils apportent leur contribution à recréer des formes (des signifiants poétiques) qui auront la même fonction poétique (les mêmes signifiés esthétiques) que dans l'original. Par exemple, lorsque Haldas traduit :

> *Spoi, perché il dolore è eierno,*
> *ha una voce e non varia «*

par ceci :

> *et puis*
> *parce que la douleur est éternelle,*
> *ayant sa voix à elle, unique,*
> *et non plusieurs «*

il est sans doute plus près de ce qui est poétiquement pertinent, dans le rythme et le ton de l'original, que ceux qui traduisent *e non varia* par « invariable », bien qu'il ait l'air de s'écarter outrageusement de la fidélité au mot à mot. Et le fait qu'il supprime l'enjambement *d'abord / par jeu* pour le remplacer par un autre qui n'est pas dans le texte, *par jeu d'abord, et puis / parce que la douleur...*, n'a rien d'un péché capital. Ce qui est pertinent, c'est sans doute que les enjambements de l'original ont pour fonction poétique ici d'introduire dans le rythme et la diction du poème quatre moments où la voix, déjà très unie, est encore plus *retenue*, si peu que ce soit, par le passage d'un vers à l'autre. Ces légères retenues de la voix contribuent à donner un ton qui est très proche de celui de la parole quotidienne. C'est sans doute pour la même raison, intuitivement, que j'ai traduit *sola* par *toute seule* (plus parlé); ou *gemere* (un peu littéraire) par *passer dans le bêlement*; et *in una capra* par *dans la voix d'une chèvre* (impossible de dire avec naturel en français qu'on entend une voix dans une chèvre); sans doute aussi les deux derniers vers par un dédoublement de *querelarsi* (« la voix de tous les maux, la plainte de toutes les vies ») où la répétition *voix/plainte* va dans le sens des répétitions pertinentes *sentiva/sentiva* et *ogni/ogni*.

Tout au moins est-ce ainsi qu'un traducteur linguiste finit par comprendre les raisons qui l'ont conduit à sa traduction. [8]

---

[8] Ce texte a été publié dans *Interlinguistica, Sprachvergleich und Übersetzung*, Festschrift zum 60. Geburstag von Maria Wanfruszka, Tübingen, Max Niemeyer Verlag, 1971, pp. 728-736.

IV. PANORAMA

LA TRADUCTION EN 1975
(UN BILAN FRANÇAIS)

Pendant longtemps les problèmes posés par les opérations de traduction n'ont été aperçus ni par les philosophes du langage ni par les grammairiens ou les linguistes. La chose est bien connue. Elle est aussi vraie dans le domaine français qu'ailleurs dans le monde. Bien que certains travaux du précurseur que fut Bronislaw Malinovski (1930) aient été connus et traduits en France avant 1939, il ne paraît pas qu'ils aient eu quelque influence, ni sur la technique de la traduction, ni sur la réflexion théorique à propos de la traduction. Le principal, en effet, ne fut pas traduit (Malinovski, 1923). De même le traité de Wilbur Marshall Urban (1939), le premier ouvrage d'un philosophe à proposer quelque chose de cohérent dans la traduction, n'a lui non plus, semble-t-il, exercé alors ni plus tard aucune influence, en France ni ailleurs.

La réflexion sur les problèmes posés par la traduction reste donc avant tout, durant la première moitié du XXᵉ siècle, le privilège des écrivains. La traduction elle-même est considérée comme un problème d'esthétique littéraire, de stylistique, de critique — jamais informé par des lectures proprement linguistiques. On peut à cet égard citer les réflexions de Gide, lui-même traducteur à ses heures, extrêmement frappé dès 1897 par la traduction des *Mille et une nuits,* du docteur Mardrus (Gide, 1941); et celles que Paul Valéry a données en préface à la *Traduction en vers des Bucoliques* (Valéry, 1956). Un bon compendium de ce genre de réflexions se trouve rassemblé dans une *Enquête sur la traduction* publiée par les *Cahiers du Sud* (1927). Après 1945 toute cette expérience lettrée, riche, sensible, mais disparate et souvent mal fondée linguistiquement, culmine dans *Sous l'invocation de saint Jérôme* (Valéry Larbaud, 1946). Mais la seconde guerre mondiale ne met pas un terme à cette situation : la même année on publie *D'Annunzio à Georges Hérelle, Correspondance*, ou de nombreuses lettres évoquent typiquement l'attitude littéraire devant la traduction (Tosi, 1946). La traduction française des *Cinq livres* d'Ungaretti donne lieu à des considérations du même genre (Lescure, 1954). Une nouvelle traduction des œuvres complètes de Shakespeare déclenche un grand débat dans la presse, où l'on retrouve une fois de plus la position traditionnelle des écrivains devant la traduction (*Le Monde*, 1955; Loiseau, 1956; A. Koszul, 1956; P. Leyris, 1956). Un peu à part, il faudrait mettre *L'amateur de poèmes* de Jean Prévost, pour la finesse et l'originalité de ses points de vue comme pour l'étendue linguistique de ses expériences (Prévost, 1940). D'autres traductions, de Pablo Neruda par Roger Caillois, de Robert Musil par Jaccottet, du *Cantique des cantiques* par Claude Grégory, du *Coran* par Jean Grosjean, raniment à chaque occasion les querelles classiques. Une préface de Dominique Aury (Mounin, 1963 a) donne encore à cette date les thèmes essentiels sur lesquels s'exerce la réflexion des écrivains qui traduisent. [1] Un peu à l'écart aussi, il faut mentionner l'entreprise singulière de Ladislas Gara, chez l'éditeur Seghers. Il demandait à des poètes français de

---

[1] Il faut faire une place à part aux problèmes posés par la traduction des textes d'ancien français en français moderne, qui se posent depuis au moins la réfection de *Tristan et Iseut* et la traduction de *La Chanson de Roland* par Joseph Bédier (V. Jonin, 1972).

traduire des poèmes hongrois qu'ils choisissaient par affinité, et pour lesquels on les munissait de traductions juxtalinéaires, avec parfois des contacts avec l'auteur. La méthode a fait école, surtout pour les poésies de l'Est, mais ne provoque pas de réflexion théorique. Environ le même temps une revue, *La Parisienne,* essaie à plusieurs reprises de donner à la traduction le statut d'un problème littéraire renouvelé, mais sans succès notable malgré un effort sensible d'information linguistique (1957). Un numéro spécial du *Nouvel Observateur, Etranges étrangers* (1971), deux autres de *La Quinzaine littéraire* (dans l'été 1973) témoignent à la fois d'un effort de la presse culturelle pour attirer l'attention du public sur ces questions, et du niveau, encore élémentaire ou anecdotique, où elles restent trop souvent situées.

Cette production des écrivains concernant la traduction présente toujours à peu près les mêmes caractères : insistance littéraire sur le génie des langues, sur les impondérables du style, sur l'intraduisible (cf. Keen, 1957); observations de détail souvent très fines, maintes fois puristes, sur le travail de la langue — en bref, une masse de matériaux, beaucoup d'opinions subjectives, mais le tout élaboré sans méthode et présenté sans organisation systématique. De plus la majorité des débats vise toujours un adversaire traditionnel : le professeur de lettres ou de langues vivantes, le philologue érudit. Contre lui l'écrivain brandit généralement l'étendard de la révolte, au nom de la liberté de création, de la sensibilité personnelle, des exigences du style. En face, le professeur est le tenant du devoir de fidélité au texte, à l'époque, au milieu. [2]

Dans les années 1950 apparaît en pleine lumière un

[2] Lechevalier, 1967, est un parfait exemple de cette attitude, qui ne manque pas de mérite.

troisième interlocuteur : le traducteur professionnel organisé. La Société Française des Traducteurs naît en 1947, et sous son impulsion la Fédération Internationale des Traducteurs voit le jour en 1953. Ces associations se donnent des organes d'expression, corporatifs et culturels à la fois : le bulletin *Traduire* pour la S.F.T. (depuis 1948), la revue *Babel* pour la F.I.T. (depuis 1954). Ces publications, par la force des choses, développent un courant d'attention de la part des traducteurs pour les problèmes de leur formation professionnelle, un souci d'information, de documentation et de réflexion. Ce développement, soutenu par l'UNESCO, coïncide par ailleurs avec une prise de conscience plus claire des problèmes de la traduction chez les linguistes.

Avec le recul dont nous bénéficions aujourd'hui, nous pouvons mieux discerner les facteurs qui ont contribué à ce développement, et qui ont joué sur le plan international : la multiplication des contacts de tous ordres entre toutes sortes d'organismes, la prise de conscience des besoins nés de ces contacts, l'énorme augmentation du volume de la documentation dans le monde, l'expansion brusque des écoles de traducteurs et d'interprètes, les mutations dans l'enseignement des langues vivantes, l'existence des bilinguismes administratifs officiels de plus en plus nombreux, la maturité de la linguistique elle-même, dotée enfin vers 1950, grâce aux théories structurales, de moyens d'investigation propres à lui permettre d'affronter les problèmes de la traduction, la production accrue de traductions de la Bible (*Babel*, 196) — et surtout peut-être la brusque apparition des calculatrices électroniques (1943), qui laissent espérer que la traduction automatique est possible. Aucun de ces facteurs ne joue décisivement dans le cadre de la situation française, sauf sans doute la chance d'avoir à

Paris, grâce à André Martinet, l'héritage peut-être le mieux assimilé de Saussure et de Troubetzkoy, et par là même, dès les années 1954-1955, une possibilité d'*aggiornamento* linguistique plus efficace qu'ailleurs.

Pour ce qui est des traducteurs (en dehors de l'œuvre d'Edmond Cary qui mérite une place à part, et dont on reparlera ci-dessous), leur production se voit généralement recueillie dans leurs revues professionnelles, sous forme d'articles, soit dans *Traduire*, soit dans *Babel*, parfois dans *Vie et langage*. A ces publications, sans doute est-il bon d'en ajouter deux autres qui, bien qu'éditées hors de France, représentent des sources d'informations francophones : *Le Linguiste* (*De Taalkundige*), organe bilingue de la Chambre belge des Traducteurs, et *Meta*, anciennement *Journal des Traducteurs*, organe de la Société des Traducteurs Canadiens (bilingue aussi).

Il est difficile de rendre exactement justice à ces publications. D'une part elles sont une source irremplaçable de bibliographie sur le sujet, et elles offrent aussi des masses considérables d'exemples de problèmes, des relevés de points obscurs et de faits ponctuels; tout cela minutieusement décrit, analysé, discuté, avec les solutions toujours proposées, représente une somme immense d'expérience, de savoir pratique, produit d'un artisanat hautement qualifié. Mais d'autre part la limite de cette richesse est justement l'empirisme de cet artisanat, l'absence d'organisation systématique de ces collections de petits faits, le manque de réflexion proprement théorique sur les problèmes de la traduction, qui ne sont jamais envisagés scientifiquement mais toujours et tout au plus que comme problèmes isolés de style, ou comme généralités sur les propriétés mystérieuses des langues. La seule exception, depuis la disparition de Cary, qui animait le recyclage théorique dans *Babel*, est sans doute la revue *Meta*, parce qu'elle est nourrie d'observations plus organiques, de réflexions toujours à la recherche d'une cohérence pédagogique et si possible scientifique; ceci est dû en grande partie au fait que les auteurs sont souvent des traducteurs ayant bénéficié d'une formation proprement linguistique, grâce au travail de pionniers de Vinay et de Darbelnet. Malgré cela la revue *Meta* n'est pas tout à fait sortie non plus de l'empirisme artisanal. Elle n'a pas tout à fait réalisé la conjonction nécessaire entre cet empirisme apporteur de matériaux indispensables et la réflexion théorique nourrie par une culture linguistique. Toutefois, on mesure la qualité de l'exemple qu'elle s'efforce de donner lorsqu'on la compare aux autres revues, ou au volume issu du 3ᵉ congrès de la Fédération Internationale des Traducteurs, autour du thème *Quality in Translation* (1963), qui est un échantillon typique des richesses et des pauvretés inhérentes à ce ressassement de l'expérience des praticiens.

C'est sur ce fond d'activité brouillonne, sympathique et pourtant décevante, que l'œuvre d'Edmond Cary prend tout son relief. Russe, né à Saint-Pétersbourg (il s'appelait en réalité Cyrille Sosno-Borovsky), traducteur professionnel à l'UNESCO, trop tôt disparu dans le grave accident d'aviation du Mont-Blanc en 1963, Cary n'est pas le seul traducteur à avoir tenté d'organiser rationnellement le contenu scientifique de sa propre expérience. Avant lui, Jean Herbert avait donné un *Manuel de l'interprète* qui est toujours à lire (Herbert, 1952); après lui Jean-François Rozan a publié un livret sur *La prise de note en interprétation consécutive* qui n'est pas négligeable non plus (Rozan, 1959). Mais, de façon générale, on est frappé par le quasi-silence des professeurs des instituts d'interprètes et de traducteurs en pays francophones, à Genève et à

Paris, surtout si on les rapproche de ceux de Germersheim ou de Heidelberg par exemple. Seul est à mentionner sur ce point le *Rilke traducteur* de Robinet de Cléry (1956), ainsi qu'un article dans *La Linguistique* (Pinhas, 1972) et un autre dans *Langages* (Moskowitz, 1972). Le cas de Cary reste remarquablement isolé, tant par l'étendue de sa réflexion que par sa persévérance et sa fécondité, bien qu'il n'ait pas réussi, semble-t-il, à stimuler vraiment la recherche au sein de la corporation française des traducteurs.

Son ouvrage principal restera *La traduction dans le monde moderne* (Cary, 1956), qui se présente comme un recensement si possible exhaustif des formes multiples prises par la traduction au cours du XXe siècle, avec la volonté d'en extraire un classement significatif, c'est-à-dire qui fasse ressortir la spécificité des opérations qui distinguent la traduction littéraire de la judiciaire par exemple et, dans le cadre de la première, la traduction du livre d'enfants d'avec celle de la poésie; et tout ceci, sans négliger l'histoire esquissée rapidement de chacune de ces formes. A ce volume il faut en ajouter un second, moins connu, dans lequel Cary a rassemblé sa documentation sur un certain nombre de personnalités essentielles qui jalonnent l'histoire de la traduction, depuis Etienne Dolet ou Amyot jusqu'à Valéry Larbaud, en passant par Madame Dacier, Galland et Nerval (Cary, 1963). Il faut aussi mentionner, pour bien cerner sa pensée, un certain nombre d'articles intéressants qu'il a donnés à diverses revues (on les trouvera à la bibliographie), dont *La Parisienne*, et surtout *Babel* (Cary, 1957 a, 1957 b).

L'axe de sa conception de la traduction peut être défini ainsi : pour lui la traduction n'est pas une science mais un art, toujours un art; et chaque fois un art profondément différent selon qu'il s'agit de traduction technique, ou journalistique, ou théâtrale, ou cinématographique, etc. Pour lui, donc, il est absolument impensable de subordonner l'art de traduire à une science, quelle qu'elle soit. Il polémique ainsi contre Andrej Venedictovič Fedorov qui, dans sa *Vvedenje v teoriju perevoda* (1953), insiste sur la nécessité pour le traducteur d'une préparation solide en philologie, en stylistique, en métrique, en linguistique enfin. Pour Cary, au contraire, la traduction, bien que portant sur des énoncés linguistiques, *n'est pas une opération linguistique* : la traduction littéraire est une activité littéraire, la traduction théâtrale est une opération théâtrale, la traduction poétique est une opération poétique, et cela de bout en bout. Dans ce dernier domaine Cary, qui était polyglotte, a donné des exemples brillants, avec des comparaisons remarquables d'un même texte dans des langues différentes. Mais on peut penser, avec le recul du temps, que son tempérament l'a porté à des formulations excessives d'une idée juste : certes la traduction n'est pas épuisée par le moment de l'analyse des problèmes qu'elle pose, elle n'est pas une opération *exclusivement* linguistique. Elle doit comporter (sans doute après) un moment d'élaboration proprement artistique. En niant le premier moment, en faisant de la traduction une activité *sui generis* irréductible à quoi que ce soit d'autre, Cary contribuait paradoxalement à justifier l'artisanat des traducteurs contre lequel il luttait d'autre part en leur demandant d'élargir leur formation et leur culture théoriques. Et sans doute sa position doit-elle expliquer qu'il ait ancré chez les traducteurs français l'idée de l'inutilité de cette réflexion qu'il réclamait d'eux, puisqu'en même temps il tendait à faire de l'art du traducteur, ou de l'interprète, un don du ciel, inanalysable comme tel, antérieur et supérieur à tout processus d'apprentissage autre qu'empirique et sur le tas.

Deux ans après celui de Cary paraissait à Paris un ouvrage auquel il faut faire une place ici, sans vouloir annexer la production canadienne francophone à la production proprement française. Il s'agit du livre de Jean-Paul Vinay et Jean Darbelnet, *La stylistique comparée du français et de l'anglais* (Vinay, 1958), œuvre de deux Français transplantés, et stimulés par les besoins d'une administration bilingue. Ce livre porte, sans doute pour la première fois, ce sous-titre : *Méthode de traduction*.

Vinay et Darbelnet déclarent qu'ils doivent beaucoup au travail de Malblanc (1944), *Pour une stylistique comparée du français et de l'allemand*. En réalité ce précurseur, tout nourri de la philosophie du langage allemande et de la psychologie des peuples post-humboldtienne, risquait de fourvoyer, par ses grandes hypothèses sur les mots-signes prétendument abstraits du français opposés aux mots-images soi-disant concrets de l'allemand, ou bien par ses considérations sur « la tendance animiste » d'expressions comme : *Ce parquet craint l'humidité*. Vendryes (1946) avait bien signalé ces risques, que Vinay et Darbelnet n'évitent pas (v. aussi Dubois, 1962). Mais leur livre est remarquable par sa tentative d'établir une terminologie univoque sur la traduction, avec un glossaire de 92 termes. Remarquable aussi par un classement solidement défini des techniques de la traduction : depuis l'emprunt et le calque qui comblent un manque dans la langue-cible, soit par un mot de la langue-source soit par sa contrepartie néologique en langue-cible, en passant par la traduction mot à mot, pour rejoindre la transposition qui ne respecte pas les parties du discours, la modulation qui récrit l'énoncé d'un autre point de vue, et même l'équivalence ou l'adaptation qui s'éloignent encore plus de la fidélité formelle. Le travail de Vinay n'a pas encore été dépassé. On peut même déplorer qu'il n'ait pas eu hors du domaine des anglicistes l'écho qu'il méritait et qu'il n'ait pas suscité des « stylistiques comparées » de l'italien, de l'espagnol, du russe, etc., qui auraient été en réalité des lexiques, des syntaxes et des stylistiques contrastives de paires de langues, qui n'existent pas encore elles non plus, sauf dans la collection de Moulton (v. bibliogr.). Toute l'expérience de Vinay et de Darbelnet a continué à s'exprimer, après 1968, par leurs articles, recueillis essentiellement par le *Journal des Traducteurs*, puis par la revue *Meta*, sauf une contribution importante de Vinay dans le volume consacré au langage dans l'*Encyclopédie de la Pléiade* (Vinay, 1968).

L'auteur du présent essai a lui-même contribué au développement de la réflexion linguistique sur la traduction en France. Dans un premier ouvrage, *Les belles infidèles*, élaboré entre 1946 et 1952, il faisait le point de son expérience de professeur de langues vivantes à la recherche de tout ce que l'expérience des écrivains lui fournissait sur la *version*, mais à la lumière de la linguistique déjà un peu vieillie de Vendryes (Mounin, 1955; cf. aussi Mounin, 1957). Sa rencontre avec la linguistique structurale d'André Martinet l'amena, à partir de 1956, à reposer les problèmes de la traduction, non plus du point de vue de la stylistique ou de la littérature mais de celui de la linguistique. L'essentiel de ses positions s'est exprimé dans sa thèse de doctorat (Mounin, 1963). L'auteur y revendique, en accord avec Fedorov et Vinay-Darbelnet mais contre son ami Cary, le droit de la traduction, pour son étude scientifique, à devenir une branche de la linguistique. Il analyse surtout les obstacles à la traduction, afin de situer objectivement la signification du vieux débat sur l'intraduisibilité (cf. aussi Mounin, 1964) — ce qui l'amène à examiner tout d'abord l'obstacle constitué par la sémantique (et le lexique), et à bien mettre en évidence l'importance théorique de l'analyse structurale, quand elle démontre que les langues découpent diversement l'expérience non linguistique qu'elles expriment (cf. Mounin, 1967, 1968). Mais il récuse pourtant la conception néo-humboldtienne selon laquelle les hommes seraient enfermés par leurs langues dans des « visions du monde » [*Weltanschauungen*] totalement impénétrables les unes aux autres. Il montre qu'il y a des universaux cosmologiques, biologiques, psychologiques, sociologiques et anthropologiques, et des universaux linguistiques, qui permettent toujours de traduire une part importante de tout énoncé linguistique; et ceci en dépit des échecs enregistrés jusqu'ici par toutes les tentatives de structuration d'un lexique complet.

L'auteur expose également que la philologie, comme activité d'éclaircissement des textes du passé, et l'ethnographie, comme éclaircissement des cultures du présent, constituent de véritables prétraductions. Il insiste à cet égard sur l'importance, capitale en théorie linguistique, de ce fait que les énoncés sont toujours encadrés dans une situation; et que la connaissance et l'intégration des traits pertinents de cette situation dans le texte font partie d'une théorie complète de la traduction (cf. Mounin, 1962 a; cf. aussi 1962 b).

Son investigation le mène aussi à réévaluer du point de vue linguistique pur les solutions (et les problèmes) que la traduction posait à la stylistique. Il aboutit, sur ce point, à mettre en valeur avec insistance le concept de connotation : si l'expérience individuelle est inexprimable [par le langage] dans son unicité, c'est à cause essentiellement de ces franges individuelles, non socialisées, qui s'ajoutent pour chacun au signifié collectif des unités lexicales ou des formes syntaxiques. Traduire les textes littéraires c'est donc

déceler les connotations, puis déceler les traits esthétiquement pertinents (formels ou sémantiques) par lesquels
elles sont présentes dans le texte-source, puis trouver les
moyens correspondants qui seront poétiquement ou littérairement pertinents dans le texte-cible; et ceux-là seuls
(cf. Mounin, 1957, 1967, 1970, 1972 a, 1972 b). Parallèlement, l'auteur s'est attaché à reconstituer l'histoire des
problèmes linguistiques posés par la traduction automatique (Mounin, 1964), et à recenser la bibliographie du
domaine (Mounin, 1960, 1966). Les travaux de l'auteur,
bien qu'ils aient été connus des traducteurs, n'ont pas
modifié sensiblement le comportement général (cf. Mounin,
1967). On peut dire que les *Problèmes théoriques de la
traduction*, tout en donnant aux traducteurs le sentiment
réconfortant que leur profession se voyait reconnue sur
le plan scientifique, ont été plus souvent lus par des
apprentis linguistes comme une introduction à la linguistique structurale et fonctionnelle, que lus comme une
introduction linguistique aux problèmes de la traduction,
par des traducteurs ou apprentis traducteurs.

Il faut certainement faire ici une place à Mario Wandruszka, comme on l'a faite à Vinay et Darbelnet. Ce
linguiste allemand, par les publications et les communications qu'il a données directement en français, a exercé une
influence certaine dans le domaine qui nous occupe. Il aime
à définir lui-même sa position comme celle d'un humaniste,
à la fois dans le sens universitaire qu'a le mot dans la
langue allemande et dans le sens philosophique qu'il a
dans la langue française. Il entend par là la nécessité de
tempérer, surtout dans le domaine de la traduction, les
rigueurs d'un structuralisme formaliste toujours menacé de
simplisme, ou de simplification, ou de réductionnisme
mathématique — et de le tempérer par la prise en consi-

dération de tous les facteurs complexes qui proviennent de la culture, de l'histoire, de la sensibilité, de la stylistique. On trouvera d'excellents résumés de cette thèse, exprimée tout au long de son ouvrage, *Sprachen : Vergleichbar und Unvergleichlich* (Wandruszka, 1969), soit dans son « Esquisse d'une critique comparée de quelques langues européennes » (Wandruszka, 1967), soit dans « Pour une linguistique à visage humain » (Wandruszka, 1971; v. aussi Wandruszka, 1972 et Stefanini, 1971) [3].

La seule tentative importante pour reposer les problèmes de la traduction, dans ces dernières années, reste celle d'Henri Meschonnic. Elle se présente cependant comme limitée : c'est une théorie de la traduction poétique, presque exclusivement soutenue par des exemples tirés de la traduction de la Bible, et qui de plus n'est pas achevée mais « en cours de travail » (Meschonnic, 1972 c). Cette entreprise originale serait encore plus sympathique si elle n'était profondément altérée par un défaut de l'essayisme littéraire français actuel, l'enivrement terminologique et néologique. Il ne fait trop souvent que récrire dans un vocabulaire philosophique à la mode, en général althussérien, des formules qui sont le bien commun de la science de la traduction depuis longtemps. Par exemple, écrire que « une pratique théorique de la traduction des textes impose une analyse de l'opposition entre art et science, sur son domaine, comme procédant d'un effort non théorisé de la notion de science hors de sa spécificité » (Meschonnic, 1972, p. 50) ne dit pas autre chose que ce que Cary

[3] Il faut pratiquer la même annexion à ce panorama français d'un autre chercheur, le linguiste suédois B. Malmberg, pour son article : Observations théoriques sur la traduction, paru dans *La Traduzione* [actes d'un colloque triestin d'avril 1972], aux éditions Lint, Trieste, 1973.

objectait à Fedorov. Dire que « la poétique de la traduction, comme pratique théorique, est une poétique expérimentale » (id., *ibid*.) ne va pas plus loin que la pensée de
Cary, toujours, lorsqu'il affirmait que la traduction poétique
est une opération poétique. Ce parti pris de réécriture
mène à déguiser, de manière agaçante à la fin, des truismes
en découvertes profondes. Ainsi : « Toute unité fait sa
signification dans l'unité plus grande qui l'inclut » reste,
même sous cette forme, du bon Meillet tout pur (*id., ibid.,*
p. 49). Ainsi encore : « Une théorie du langage implique
une théorie de la littérature. Une théorie de la littérature
implique une théorie du langage. Une théorie du langage
inclut une théorie de la littérature non comme limite ou
exception, mais comme pratique spécifique parmi les autres
pratiques sociales, ni sacralisée culturellement, ni méconnue
dans sa spécificité. » (*id., ibid.*, p. 50). Ainsi aussi l'idée
que « l'intraduisible comme texte est [...] l'effet culturel
résultant de [...] raisons historiques » (*id., ibid.*, p. 51)
découle d'une analyse bien connue, depuis au moins Hugo
se raillant de Bitaubé dans la préface de *Cromwell*, et
surtout Emile Egger analysant *en 1845* les traductions
classiques d'Homère. De façon générale, Meschonnic donne
souvent l'impression d'ignorer ses devanciers, sauf Nida :
il ne nomme ni Cary, ni Fedorov, ni Savory, ni même
I. A. Richards, etc. On ne le chicanerait pas sur ce point
si ces formulations, qui manifestent un sentiment trop fort
de sa propre originalité, ne restaient en fin de compte
improductives, ou pas plus productives que les vieilles et
solides formules qu'elles pensent améliorer.

L'autre point de fragilité chez Meschonnic est l'utilisation
des concepts linguistiques. Esprit de formation littéraire et
philosophique il a sans doute acquis des notions de linguistique vite et tardivement. Ceci explique qu'il ne les

manie pas sans approximations fâcheuses. Il semble pratiquer des amalgames contre nature, et très révélateurs d'une connaissance trop cursive quand il écrit que « la polysémie est indissolublement langue et culture [et que] cette proposition mène à ne plus dissocier dénotation et connotation [...] valeur et signification »; ou bien que « la notion de performatif » serait liée historiquement et épistémologiquement à « la notion behaviouriste de sens comme réponse » (*id., ibid.,* p. 52).

Nul doute cependant que Meschonnic ne soit habité par une passion très profonde pour les problèmes de la traduction, dans un domaine fascinant, celui de la Bible, et que cette passion ne soit propre à la conduire vers un renouvellement de ces problèmes et de leurs solutions. Nul doute non plus que ce renouvellement n'apparaisse mieux quand l'auteur choisira d'être simple, et d'approfondir vraiment sa culture linguistique au-delà du plan terminologique. Il semble tendre vers une reconstruction des textes qui fait souvent penser à ce que saint Augustin disait d'Aquila, *le contentiosus interpres.* Sur le plan de la stylistique profonde de la traduction poétique par exemple, domaine où il est manifestement riche d'expériences concrètes (qu'il ne manifeste pas souvent dans ses rédactions philosophiques abstraites, presque toujours ésotériques), Meschonnic écrit par exemple ceci, qui offre prise à la réflexion : « On peut construire un *rapport prosodique* entre les structures du signifiant, d'un texte de départ à sa traduction-texte, là où l'opinion, opposant deux phonologies sur le plan de la langue, et terme à terme, concluait à l'intraduisible. En effet, on ne traduit pas une phonologie. Mais on ne traduit pas non plus de la langue, dans un texte. On construit et on théorise un rapport de texte à texte, non de langue à langue. Le rapport interlinguistique vient par le rapport intertextuel, et non le rapport intertextuel par le rapport interlinguistique » (*id., ibid.*, p. 53). « Le rapport poétique entre un texte et une traduction implique la construction d'une rigueur non composite, caractérisée par sa propre concordance (la concordance a pour limite le caractère syntaxique du lexique [?]) et par la relation du marqué pour [?] le marqué, non-marqué pour non-marqué, figure pour figure, et non-figure pour non-figure » (*id, ibid.*,). On pourrait traduire tout cela en langage ordinaire, en discuter les à-peu-près, etc. Mais l'intérêt de ce passage réside dans le fait que lorsque Meschonnic théorise son empirisme littéraire de surdoué, il passe à côté de la formulation linguistique théorique qui est sans doute aujourd'hui la plus prometteuse : le rapport poétique entre un texte et sa traduction proprement poétique suppose que le traducteur a perçu les éléments poétiquement pertinents dans le texte-source et qu'il a réussi à les rendre (et eux seuls) par des éléments poétiquement pertinents dans le texte-cible. Les formules générales et littéraires de Meschonnic risquent au contraire de ne recouvrir qu'une théorie du mot à mot reconstitution-archéologique. Quant à la théorie de la traduction poétique, Meschonnic, en général, promet encore plus qu'il ne tient.

Jusqu'à une date récente, la production française ne possédait pas un ouvrage, sur la traduction scientifique et technique, qui soit comparable par exemple à celui de Jumpelt, *Die Ubersetzung naturwissenschaftlicher und technischer Literatur* (Jumpelt, 1961). C'est dans *Traduire*, et plus rarement dans *Babel* ou dans les autres revues professionnelles, qu'on trouvait la très riche moisson de faits et de problèmes, toujours refaite à cet égard, mais toujours présentée de façon très peu systématique. Nous disposons maintenant de *La traduction scientifique et technique* (Maillot, 1969). Le livre dépasse la collecte habituelle d'exemples et d'anecdotes. Il s'efforce d'être une réflexion aussi méthodiquement organisée que possible sur un champ bien délimité, l'électro-technique. Mais tout ce qu'il dit peut être extrapolé à la traduction scientifique et technique en général. Certes le livre laisse encore à désirer quant à sa propre présentation scientifique (bibliographie, références aux citations du texte, etc.). Il s'agit encore d'un artisan qui travaille sur la traduction scientifique, plus que d'un savant qui travaille scientifiquement sur la traduction. Les travaux théoriques courants, y compris celui de Jumpelt, semblent ignorés de l'auteur. Sa culture linguistique est manifestement encore très pauvre. Le peu de choses qu'il se hasarde à dire à cet égard sont vieillottes, parfois erronées. Il ignore l'existence de la *broad transcription* et confond graphie avec phonie. Dans l'ensemble, il s'agit donc d'un manuel empirique, précieux parce qu'il est en français le premier du genre, mais qui devra inciter les jeunes traducteurs (qu'il initiera) au dépassement.

L'une des dernières publications françaises d'importance sur la traduction est un numéro spécial de la revue *Langages* (1972). Outre l'article de Meschonnic et celui de Wandruszka déjà cités, il comporte un article copieux de Jean-René Ladmiral sur un problème très rarement abordé : comment enseigner l'art de traduire. Malheureusement, comme celle de Mechonnic, sa langue a un côté brumeux parce qu'elle est truffée de terminologies approximatives, d'abstractions et de terrorismes idéologiques qui sont à la mode. Il procède par affirmations qui ne sont pas des démonstrations. Il écrit par exemple que : « Le dépassement civilisationnel (sic) visé par cet enseignement [de la civilisation du pays dont on apprend la langue] est de nature ethnopsychologique beaucoup plus qu'ethnolinguistique [?] et cette culture civilisationnelle (sic) s'inscrit dans une perspective de rapprochement des peuples qui est très précisément [?] ce qui correspond à l'idéologie social-démocrate du mouvement pour le bilinguisme » (art. cité, pp. 20-21) — ce dont on peut douter fortement.

Il ne traite que du problème de la traduction dans l'enseignement secondaire, ce qui est une autre limitation. Il semble tiraillé d'autre part entre le désir de s'affirmer par une pédagogie contestataire, voire révolutionnaire, et sa pratique d'enseignant, qui reste solidement traditionnelle. Ainsi part-il en guerre contre les Instructions Officielles (du ministère de l'Education Nationale) en matière de version et de thème. Il montre que ce sont des exercices pédagogiques fictifs, et que leur caractère dominant est d'être des instruments de mesure docimologique. Mais au moment de proposer une autre pédagogie, il redevient le professeur d'allemand classique : il défend, comme tout le monde, une pratique *intelligente* de la version et du thème. Les Instructions Officielles ne disent pas autre chose.

Les conclusions révolutionnaires auxquelles pense aboutir Ladmiral sont ainsi trop souvent, des truismes ou, plus heureusement, la formulation de l'expérience commune à tous les bons professeurs :

a) Il n'y a pas *la* traduction, mais de nombreux aspects ou modes d'application de cet exercice (le test de compréhension, la rédaction, la ré-traduction, la critique des traductions, la traduction-contraction, etc.) (art. cit., pp. 18-20).

b) Le thème n'existe pas : il y a *des* thèmes (de vocabulaire, de grammaire, d'application, d'initiation, littéraires, etc.) (art. cit., pp. 21-25).

c) Le thème et la version *littéraires* sont des abus pédagogiques : il y a la lettre commerciale, le prospectus technique, la réponse à tous les besoins concrets de la vie et des échanges internationaux.

d) Pour être efficaces, thème et traduction doivent « dissimiler le fonctionnement réel spécifique de chaque lexique : les aires de variantes contextuelles ne sont pas toujours isomorphes d'un système à l'autre » (*id., ibid.,* p. 26), ce qu'on sait depuis Cicéron.

e) La version est un exercice de français (*ibid.,* p. 28).

f) Il faut choisir intelligemment le texte (*ibid.,* p. 29).

g) Il faut débarrasser thème et version de la langue littéraire théorique académique (*ibid.,* p. 30).

En bref, une fois débarrassé de son terrorisme idéologique et de sa terminologie de prestige, l'article de Ladmiral peut être un bon catalogue des problèmes, un bon point de départ (classique) sur la traduction dans l'enseignement secondaire. Il a sans doute le mérite d'attirer l'attention une fois de plus sur ce fait que les solutions sont ici plus faciles à formuler qu'à mettre en pratique.

Ladmiral s'insurge aussi contre les Instructions Officielles parce que la finalité de l'enseignement des langues vivantes serait pour elles de « produire des bilingues » [parfaits] (*ibid.,* p. 18), selon la méthode active, directe et concrète, ce qu'il met en doute. Mais il ajoute : « Ce n'est pas le lieu de trancher ici quant au bien-fondé des présupposés d'une psycholinguistique qui paraît plus empirique que proprement scientifique » (*ibid.,* p. 13). On répondra toujours à cela qu'un article intitulé « La traduction dans l'institution pédagogique » dans un numéro spécial sur *La Traduction* était le lieu par excellence pour poser le problème préalable et prioritaire des présupposés scientifiques de la pédagogie des langues vivantes et de la traduction, y compris le problème des *différentes espèces de bilingues* (parfaits dans leur catégorie) qu'on cherche à produire légitimement; sinon cet enseignement se réfugie une fois de plus dans le vieux domaine de la civilisation, de la culture, de la littérature étrangères, enseignement sans obligation ni sanction pratiques objectives.

Depuis ce numéro 28 de la revue *Langages*, deux autres revues ont consacré de nouveau un numéro spécial à la traduction. Les *Cahiers internationaux du symbolisme* (n°s 24-25 de 1973) contiennent un excellent article de Wandruschka, qui est peut-être le meilleur abrégé de son grand ouvrage : *Sprachen : Vergleichbar und Unvergleichlich*. Mais, à côté, le sommaire comporte surtout des essais trop littérairement traditionnels, ou, quand ils ne le sont pas, trop nourris des maniérismes actuels (celui de Robel par exemple). Les *Etudes de linguistique appliquée*, dans leur numéro d'octobre-décembre 1973 intitulé « Exégèse et traduction », nous offrent une matière beaucoup plus riche, tout entière amassée par des praticiens, tous enseignants en même temps à l'Ecole Normale Supérieure d'Interprètes et de Traducteurs de Paris. Leur travail représente la première grande tentative française collective pour mettre en contact la linguistique et la traduction. Malheureusement, ce contact est encore à demi manqué. Les traducteurs, tous pourtant jeunes d'âge et d'esprit, perdent encore beaucoup de temps à se battre, comme leurs aînés, pour libérer la traduction de l'emprise des linguistes ! (D. Seleskovich, Introduction). Ils essaient d'opposer aux apports de la linguistique (qui ne concerneraient que la langue) une théorie de la traduction comme « exégèse » (qui s'appuierait uniquement sur la « parole » saussurienne). Il faut bien dire qu'une telle théorie ne retrouve, sous une terminologie nouvelle, que des truismes linguistiques; et notamment ce sur quoi les linguistes ont tant insisté depuis Malinovski, Bloomfield et Firth, jusqu'à Prieto : l'importance de la situation et du contexte pour établir le sens complet — qui n'est pas la somme des signifiés des unités abstraites constituant l'énoncé (cf. M. Lederer, *La traduction, transcoder ou réexprimer*; et M. Pergnier, *Traduction et théorie linguistique*).

Telle est la physionomie des recherches sur la traduction, en France, depuis 1945. Un dépouillement bibliographique du *Bulletin signalétique du C.N.R.S.* pour les quinze dernières années (1960-1973, années extrêmes comprises) fait apparaître environ 800 cotes, soit une cinquantaine en moyenne par an (*Les problèmes théoriques de la traduction* reflétaient un dépouillement des années 1947-1969, mais la rubrique *Traduction* n'apparaît qu'en 1955). Les neuf-dixièmes de ces cotes représentent des recherches sur l'histoire de la traduction. Parmi celles-ci, les recherches françaises restent rares. On retrouvera, dans la bibliographie du présent article, les travaux épisodiques qui n'ont pas trouvé place ci-dessus (cf. Meynieux, Oléron et Nanpon, Jacques Legrand, R. Aulotte, A. Cioranesco). Les thèses de doctorat semblent rares elles aussi (cf. Pergnier, Stratonovitch). Certes, le *Bulletin signalétique* est loin de pouvoir prétendre à l'exhaustivité (par exemple il ne dépouille pas la revue *Babel*). Mais son exploration n'a pas révélé de lacunes dans le panorama qu'on vient de faire, et le tableau qu'il donne de la production dans le domaine de la traduction reste fiable [4].

Cette conclusion ne signifie pas que la traduction soit un domaine de recherches plus sous-estimé en France qu'ail-

[4] Le manuel de Danica Seleskovitch, *L'interprète dans les conférences internationales*, Paris, Minard, 1968, semble être passé inaperçu.

leurs dans le monde — à l'exception des pays socialistes (U.R.S.S., Tchécoslovaquie, Hongrie, Bulgarie, Roumanie et, dans une moindre mesure, Pologne). On peut penser toutefois que malgré la flambée d'intérêt, maintenant retombée, pour la traduction automatique, l'importance de la recherche fondamentale en matière de traduction n'est encore bien perçue, ni par les linguistes, ni par les traducteurs.

BIBLIOGRAPHIE

AULOTTE, R., 1959 : Jacques Amyot, traducteur courtois, *Revue des Sciences Humaines*, n° 94, pp. 131-139.

AURY, Dominique : V. G. Mounin, 1963 a.

BABEL, revue trimestrielle de la Fédération Internationale des Traducteurs, depuis 1954.

BABEL, 1961 : N° spécial, *Traduction de la Bible*, VII, 2, pp. 51-84.

CAHIERS DU SUD, 1927 : *Enquête sur la traduction*, n° 89 avril.

CARY, Edmond, 1949 : Défense de la France, défense de la langue française, *La Nouvelle Critique*, n° 3, février, pp. 7-17.

—, 1956 : *La traduction dans le monde moderne*, Genève : Georg.

—, 1957 a : Théories soviétiques de la traduction, *Babel*, vol. III, n° 4, pp. 179-190.

—, 1957 b : De l'abbé Gédoyn à Saint-Jérôme-City, *La Parisienne*, n° 45, avril, pp. 416-434.

—, 1957 c : Traduction et poésie, *Babel*, pp. 11-32.

—, 1958 : *Comment faut-il traduire ?* Cours polycopié, Paris : Université Radiophonique Internationale.

—, 1963 a : *Les grands traducteurs français*, Genève : Georg.

—, 1963 b : *Quality in Translation*, London : Pergamon Press.

CATFORD, J. C., 1965 : *A linguistic Theory of Translation. An Essay in Applied Linguistics*, London : Oxford University Press (2nd ed., 1967).

CHANGE (COLLECTIF), 1973, n° 14, *Transformer traduire* (textes de L. Robel, et d'auteurs soviétiques).

CIORANESCO, A., 1959 : Amyot et l'italien, Revue des Sciences humaines, n° 94, pp. 123-129.

DARBELNET, J., v. VINAY, J. P., 1958 : *Stylistique comparée de l'anglais et du français - Méthode de traduction*, Paris : Didier.

DUBOIS, J., 1962 : Compte rendu de l'ouvrage de Malblanc

(v. ce nom ci-dessous) *Le Français Moderne*, vol. 30, nᵒ 3, pp. 227-230.

FEDOROV, A. V., 1953, 2ᵉ éd. refondue, 1958 : *Vvedenje v teoriju perevoda* [*Introduction à la théorie de la traduction*], Moscou : Institut des Littératures en Langues Etrangères.

GENTILHOMME, Yves, 1964 : Manuel de russe à l'usage des scientifiques, Paris : Dunod.

GIDE, André, 1910 (23ᵉ éd. 1941) : *Prétextes*, Paris : Mercure de France.

HERBERT, Jean, 1952 : *Manuel de l'interprète*, Genève : Georg.

INDEX TRANSLATIONUM, publié par l'UNESCO depuis 1947 (nouvelle série).

JUMPELT, R. W., 1961 : *Die Ubersetzung*, p. 11, Berlin : Langenscheidt.

KEEN, D., 1957 : Les mots intraduisibles, *Vie et Langage*, Paris, nᵒ 61, avril, pp. 178-182.

KOSZUL, A., 1956 : A propos d'une nouvelle version des sonnets de Shakespeare, *Etudes anglaises*, vol. IX, nᵒ 1, janvier-mars, pp. 1-9.

LADMIRAL, Jean-René, 1972 : Introduction, et La traduction dans l'institution pédagogique, *Langages* (cf. *infra*), pp. 3-7 et pp. 8-39.

LANGAGES, 1972 : Nᵒ spécial, *La traduction*, nᵒ 28, Paris : Didier-Larousse.

LARBAUD, Valéry, 1946 : *Sous l'invocation de saint-Jérôme*, Paris : Gallimard.

LECHEVALIER, Jean, 1967 : Belles infidèles d'hier et d'aujourd'hui, *L'Antiquité classique*, XXXVI, fasc. 1, pp. 132-143, Bruxelles.

LEGRAND, J., 1961 : Sur la langue française, trad. d'un texte de Börne, *Tel Quel*, nᵒ 4, pp. 86-92.

LESCURE, Jean, 1954 : Problèmes ou problème d'une traduction, dans *Comprendre*, nᵒ 12, Venise : Société Européenne de Culture.

LEYRIS, P., 1956 : L'éternel problème de la traduction, *Etudes anglaises*, vol. 9, nᵒ 3, pp. 225-228.

LINGUISTE (LE) : Revue de la Chambre Belge des Traducteurs, Bruxelles.

LOISEAU, J., 1956 : A propos d'une nouvelle édition avec traduction de Shakespeare, *Etudes anglaises*, vol. IX, nᵒ 1, pp. 10-13.

MAILLOT, J., 1969 : *La traduction scientifique et technique*, Paris, Eyrolles.

MALBLANC, A., 1944 : *Pour une stylistique comparée du français et de l'allemand*, Paris : Didier, (2ᵉ éd. 1961).

MALINOVSKI, Bromislaw, 1923 : The Problem of Meaning in

Primitive Languages, dans C. K. Ogden et I. A. Richards: *The Meaning of Meaning*, New York et Londres (9e éd. 1953).

—, 1930: *La vie sexuelle des sauvages du nord-ouest de la Mélanésie*, Paris.

MAROUZEAU, Jacques, 1941: *La traduction du latin*, Paris: Les Belles Lettres, 4e éd.

MESCHONNIC, H., 1971: Traduire la Bible, *Nouvel Observateur*, mai-juin, pp. 38-42.

—, 1972: Propositions pour une poétique de la traduction, *Langages*, no 28, pp. 49-54.

—, 1973: *Pour la poétique II, théorie et pratique*, Paris: Gallimard.

META: Revue de la Société des Traducteurs Canadiens.

MEYNIEUX, A., 1957: Les traducteurs en Russie avant Pouchkine, *Babel*, vol. 3, pp. 73-79.

MONDE (LE), 1955: No du 18 août, 28-29 août et 6 septembre.

MOSKOWITZ, Daniel, 1972: Enseignement de la traduction à l'E.S.I.T., *Langages*, no spécial *La Traduction*, vol. 7, no 28, décembre, pp. 110-117.

MOULTON, William G., 1962: *The sounds of English and German*, I et II, Chicago et Londres: The University of Chicago Press.

MOUNIN, Georges, 1955: *Les Belles infidèles*, Paris: Cahiers du Sud.

—, 1957 a: La traduction devient-elle un problème de premier plan, *Critique*, no 127, décembre, pp. 1052-1071.

—, 1957 b: Traduction fidèle, mais à quoi?, *Horizons*, mars, pp. 99-102.

—, 1960 a: C. r. de VINAY et DARBELNET (cf. *supra*) dans *B.S.L.*, fasc. 1, pp. 46-51.

—, 1960 b: C. r. de DELVENAY, B.S.L., t. LV, fasc. 2, pp. 44-46.

—, 1962: Le traducteur entre les mots et les choses, *Le courrier de l'UNESCO*, avril, pp. 24-28.

—, 1963 a: *Les problèmes théoriques de la traduction*, Paris: Gallimard.

—, 1963 b: La notion de qualité en matière de traduction littéraire, dans *Quality in Translation*, (cf. *infra*).

—, 1964 a: L'intraduisibilité comme notion statistique, *Babel*, vol. X, no 3, pp. 122-124.

—, 1964 b: *La machine à traduire. Histoire des problèmes linguistiques*, La Haye: Mouton.

—, 1965: *Teoria e storia della traduzione*, Turin: Einaudi.

—, 1966: C. r. de NIDA (cf. *infra*), La Linguistique, 2, pp. 137-139.

—, 1967 a : La traduction, dans *La linguistique, guide alphabétique* (A. MARTINET éd.), Paris : Denoël, pp. 375-379.

—, 1967 b : Dix années de traduction, *Babel*, vol. XIII, nº 3, pp. 179-180.

—, 1967 c : La linguistique et la traduction, *Revue de l'enseignement supérieur*, nᵒˢ 1-2, pp. 41-46.

—, 1968 a : Introduction linguistique aux problèmes de la traduction, *Le français dans le monde*, nº 54, 1-2, pp. 13-16.

—, 1968 b : La traduction théâtrale, *Babel*, XIV, 1, pp. 7-1.

—, 1970 : Un poème et cinq traductions, *Interlinguistica, Sprachvergleich und Übersetzung*, Tübingen : Max Niemeyer Verlag, pp. 728-736.

—, 1971 : L'internationale des mots, *Le Nouvel Observateur*, nº hors-série, mai-juin, pp. 45-47 (publié antérieurement par le *Bulletin du Centre Européen de la Culture* sous le titre : Rôle et problèmes des traductions pour une vie européenne de la culture, XIII, 1, mai, pp. 61-66.

—, 1972 a : Article *Traduction*, dans l'*Encyclopaedia Universalis*.

—, 1972 b : Mnémotechnique et traduction (à paraître),, (Etiemble éd., Paris : Gallimard).

—, Article *Traduzione*, dans l'*Encyclopedia Fabbri* (à paraître).

NANPON, H. : Voir OLERON.

NIDA, E. A., 1963 : *Toward a theory of Translating*, Leyde : Brill.

NOUVEL OBSERVATEUR (LE), 1971 : Nᵒᵒ hors-série, mai-juin, pp. 45-62.

OLERON, R., 1965 : Recherches sur la traduction simultanée, *Journal de Psychologie*, vol. 62, nº 1, pp. 73-93.

PARISIENNE (LA), 1957 : Traduction = Trahison, nº 43, avril-mai. Cf. aussi nº 44 et le numéro 4, antérieur, sur les traductions de la Bible.

PERGNIER, Maurice : Thèse en cours (cf. *Bulletin signalétique du C.N.R.S.*, 1973, 2) sur les fondements socio-linguistiques de la traduction. Cf. aussi son article : Traduction et socio-linguistique, *Langages* (cf. *supra*), pp. 70-74.

PINHAS, René, 1972 : Les retombées scientifiques des opérations Apollo sur l'interprétation simultanée, *La Linguistique*, vol. 8, 1, pp. 143-147.

PREVOST, Jean, 1940 : *L'amateur de poèmes*, Paris : Gallimard.

QUALITY IN TRANSLATION, 1963 : Proceedings of the IIIrd Congress of the International Federation of Translation, Oxford-London - New York - Paris : Pergamon Press.

QUINZAINE LITTERAIRE (LA) : Eté 1973.

ROBINET DE CLERY, A., 1956 : *Rilke traducteur*, Genève : Georg.

ROZAN, J. F., 1959 : *La prise de note en interprétation consécutive*, Genève : Georg.

SAVORY, Theodor, 1957 : *The art of Translation*, London : Jonathan Cape.

SELESKOVITCH, Danica, 1968 : *L'interprète dans les conférences internationales*, Paris : Minard.

STEFANINI, Jean, 1969 : C. r. de WANDRUSKA, *B.S.L.*, t. 46, fasc. 2, pp. 12-17.

STRATONOVITCH, A. : Thèse en cours sur la syntaxe (russe-français). V. *Bulletin signalétique du C.N.R.S.*, 1973, 2.

TABER, C. R. et E. A. NIDA, 1971 : *La traduction, théorie et méthodes*, Londres : Alliance biblique universelle.

TOSI, Guy, 1946 : *D'Annunzio à Georges Hérelle, Correspondance*, Paris : Denoël.

TRADUIRE : Bulletin de la Société Française des Traducteurs, depuis 1948.

TRADUZIONE (LA), 1973 : Vol. collectif, Trieste : Lint, 3 art. en français dont 2 de Français.

URBAN, W. N., 1939 : *Language and Thought*, London : Allen & Unwin, et New York : Mac Millan (2nd ed., 1951).

VALERY, Paul, 1956 : *La traduction en vers des Buccoliques*, Paris : Gallimard.

VENDRYES, Jules, 1946 : C. r. de A. MALBLANC (v. *supra*) dans *B.S.L.*, t. 42, fasc. 2, pp. 115-120.

VIE ET LANGAGE, Paris : Larousse.

VINAY, Jean-Paul, 1957 : Peut-on enseigner la traduction ?, *Journal des Traducteurs*, Montréal : II, 4, pp. 141-148.

VINAY, J. P. et DARBELNET J., 1958 : *Stylistique comparée du français et de l'anglais*, Paris : Didier.

VINAY, J. P., 1968 : La traduction humaine, *Le langage*, coll. Encyclopédie de la Pléiade, Paris : Gallimard, pp. 727-757.

WANDRUSZKA, Mario : Nos langues : structures instrumentales, structures mentales, *Meta*, XVI, 1-2, pp. 7-16.

—, 1967 : Esquisse d'une critique comparative de quelques langues européennes, *Travaux de Littérature et de Linguistique*, Strasbourg : V, 1, pp. 169-184.

—, 1969 : *Sprachen-Vergleichbar und Unvergleichtig*, Munich : Piper Verlag.

—, 1971 : Pour une linguistique à visage humain, *Le Français Moderne*, vol. 39, n° 1, pp. 3-17.

—, 1972 : Le bilinguisme du traducteur, *Langages*, vol. VII, n° 28, pp. 102-109.

V. RESSOURCES
BIBLIOGRAPHIQUES

UNE SOURCE BIBLIOGRAPHIQUE CONCERNANT LA TRADUCTION

C'est le *Bulletin Signalétique* du Centre National de la Recherche Scientifique (Paris), qui existe depuis 1947, et s'est appelé *Bulletin Analytique* de 1947 à 1955. Il s'agit de sa IIIᵉ partie (*Philosophie et sciences humaines*), qui comporte brochage et tomaison à part. Jusqu'en 1952, l'histoire des traductions de certains ouvrages littéraires s'y trouve sous les rubriques *Esthétique* (Littérature en général) et *Sociologie* (Linguistique).

En 1952 commence une grande rubrique : *Linguistique et théorie du langage*. Cette rubrique, à partir du tome IX (1955), offre à la sous-rubrique *Stylistique* une subdivision : *Problèmes de la traduction* qui, depuis cinq ans, présente à chaque numéro (trimestriel) du *Bulletin* une à douze entrées concernant soit l'histoire de la traduction ou des traductions, soit la théorie de la traduction (on comprend sous ce terme aussi bien les opinions empiriques sur l'art de traduire, aux XVIᵉ, XVIIᵉ, XVIIIᵉ siècles, etc., que les recherches linguistiques modernes sur le plan théorique).

Les domaines recensés couvrent les publications savantes de l'Europe (y compris tout le domaine slave) et de l'Amérique. [1]

---

[1] Cette note a été publiée dans *Babel*, VI, 4, décembre 1960.

UNE AUTRE SOURCE
BIBLIOGRAPHIQUE FRANÇAISE
CONCERNANT LA TRADUCTION

C'est l'ouvrage de L.-N. Malclès, intitulé *Les Sources du Travail Bibliographique* (Genève, Droz & Lille, Giard, 1952). Le tome 2 (IX-480 pages) comporte à la Section XII, *Littérature comparée*, une courte rubrique, *Bibliographie des traductions* (pages 429-431), qui mentionne deux sources générales, *L'Index translationum*, et *Translation (a collection of newly translated works)* édité par N. Braybrooke et E. King, Londres, Phoenix Press, 1947, 2e série, 120 pages; les traductions couvrent quinze langues.

Outre ces deux sources générales, la rubrique, indique des *Bibliographies* d'ouvrages traduits, classés par langue : allemand (9 entrées), anglais (24), espagnol (3), français (12), hongrois (1), italien (4), néerlandais (3), polonais (1), portugais (2) et turc (2).

Dans ce même tome 2, la section *Linguistique Générale* (pp. 32-49) ne comporte aucun titre concernant la traduction considérée du point de vue de la linguistique générale.

Du même auteur, L.-N. Malclès, un petit volume, *La Bibliographie*, (Paris, Presses Universitaires de France, 1956), mentionne un certain nombre d'anciens catalogues d'auteurs français et étrangers, qui incluent les traducteurs : c'est le cas de la *Bibliothèque française*, de François de la Croix du Maine (Paris, 1584) et de la *Bibliothèque française*, d'Antoine du Verdier (Lyon, 1585). André du Chesne (*Bibliotheca Cluniacensis*, 1614), Adrien Baillet, revu et corrigé par Bernard de la Monnoye *Jugemens des scavans sur les principaux ouvrages des auteurs*, 1685 et 1722), Jean-Pierre Nicéron (*Mémoires pour servir à l'histoire des hommes illustres de la République des Lettres avec un catalogue de leurs ouvrages*, 1727-1743, 43 vol.), ont également fait place aux traducteurs et aux traductions dans leurs importantes compilations. [1]

[1] Cette note a été publiée dans la revue *Babel*, VII, 1, 1961, p. 38.

UNE TROISIEME
SOURCE BIBLIOGRAPHIQUE
SUR LA TRADUCTION

On a déjà signalé à cet égard le *Bulletin signalétique du C.N.R.S.* (cfr. *Babel*, VI, 4, 1960), et les *Sources du travail bibliographique*, ouvrage général (cf. *Babel*, VI, 1, 1961). Il faut y ajouter, concernant le domaine français avec toutes les extensions internationales voulues par la matière elle-même, les grandes publications relatives à la littérature comparée.

Citons d'abord la *Bibliography of Comparative Literature*, de F. Baldensperger et W. P. Friedrich (University of North Carolina, Chapel Hill, 1950), qui a mis au point pour la seconde fois (la première fois, c'était en 1904), la *Bibliographie* de Betz. Sur ses 33 000 titres (sans compter les *Suppléments*, à partir de 1952) la traduction n'en a que peu : 81 entrées, dans la 4ᵉ partie, Chapitre 2, *Traduction*, pp. 32-34. Mais on y trouve des titres qui ne figurent pas ailleurs.

Ensuite, il faut mentionner la *Revue de Littérature Comparée* (depuis 1921, Paris; Boivin éd.). Cette revue a

édité en volumes trois *Tables de la R.L.C.* (I, 1921/
1930; II, 1931/1950; III, 1951/1960). La première ne
nous a pas été accessible, mais dans les numéros correspondants de la R.L.C. nous avons trouvé quelques dizaines
d'entrées sur les traducteurs et la traduction. La *traduction*
figure à l'index de la *Deuxième table* par 2 entrées et
16 renvois à des auteurs; à celui de la *Troisième table*, par
19 entrées et 19 renvois.

La revue américaine *Comparative Literature* (depuis
1949, University of Oregon, Eugene, Oregon, U.S.A. -
trimestrielle comme la R.L.C.) semble paradoxalement
moins attentive à la traduction que la revue française, qui
classe les travaux sur la traduction dans la partie générale
et théorique de sa bibliographie; paradoxalement parce
que les travaux théoriques sur la traduction se sont
beaucoup développés ces temps-ci outre-Atlantique. D'une
manière générale d'ailleurs, on peut noter que la littérature
comparée n'a pas encore pris pleinement conscience des
problèmes théoriques et méthodologiques que lui pose
l'emploi de l'outil nommé *traduction*, elle ne semble pas
avoir non plus pleinement aperçu que la traduction lui
fournit un instrument de précision pour étudier statistique-
ment les distorsions subies par un texte, d'une langue à
l'autre.

Enfin, depuis 1949 aussi, paraît tous les deux ans un
volume de la *Bibliographie de littérature comparée* (Paris :
Didier, éd.). Le volume 1949/50 contient une entrée sur
la traduction. Pour le volume 1951/52 figurent à l'Index
un article *Traducteurs* (10 entrées), et un article *Traductions* (5 entrées). Pour le volume 1953/54 : traducteur,
17 entrées; traduction, 42 entrées. Pour le volume 1955/
56 : traducteur, 27 entrées; traduction, 30 entrées. Pour le
volume 1957/58 : traducteurs, 22 entrées; traductions,

39 entrées. Dans ces quatre sources, il s'agit le plus souvent d'une ou plusieurs traductions d'un livre ou d'un auteur dans une langue donnée; quelquefois de la traduction dans son ensemble pour une époque ou pour un pays. Nous avons reporté la vingtaine de titres qui touchent aux problèmes généraux de la traduction dans la Bibliographie du présent numéro de *Babel*. [1]

[1] Cette note a été publiée dans la revue *Babel*, IX, 1-2, 1963.

SOURCES BIBLIOGRAPHIQUES
CONCERNANT LA TRADUCTION (IV)
Babel 12/1963

Il s'agit ici de l'important catalogue analytique de Moritz Steinschneider, intitulé *Die Hebraischen Uebersetzungen des Mittelalters und die Juden als Dolmetscher*, publié à Berlin en 1893 par la *Kommissionsverlag des Bibliographischen Bureau*, et imprimé à 300 exemplaires seulement par H. Itzkowski, Berlin [1].

Ce catalogue de XXXIV - 1077 pages, est constitué d'après des « sources manuscrites pour la plupart ».

Il est divisé en cinq parties, outre la *Préface* (IX-XV) qui présente le problème, des *Observations générales* (XV-XXIV) très intéressantes sur les Juifs du Moyen Age et la connaissance des langues, et un chapitre *Généralités* qui traite des traductions d'encyclopédies. Les quatre premières parties (Philosophie, Mathématiques, Médecine, Divers) sont à leur tour subdivisées chacune en quatre

---

[1] Cote à la B.U. de Strasbourg, Collections, Salle des Professeurs C. 10888.

sections, concernant les traductions directes ou indirectes d'ouvrages soit grecs, soit arabes, soit juifs, soit chrétiens. La cinquième partie (pp. 971-987) étudie traducteurs et interprètes — une trentaine de noms — en diverses langues.

La statistique des traductions recensées (p. XXII) mentionne 30 auteurs grecs, presque tous d'après les Arabes; 70 auteurs arabes, plus 15 anonymes; 50 juifs, dont 10 Karaïtes; 100 chrétiens, plus 15 anonymes. Le tout représentant plusieurs centaines de textes. [2]

---

[2] Cette note a été publiée dans la revue *Babel*, IX, 4, 1963.

COMPTE RENDU
DE J. P. VINAY ET J. DARBELNET [1]

Il ne manque pas d'ouvrages sur la traduction. La bibliographie fondamentale, qui n'existe pas encore, en serait fort longue. Mais cet ouvrage est sans doute le premier traité de traduction.

Il propose « l'inscription normale de la traduction dans le cadre de la linguistique » (p. 23). Il rencontre ainsi Fédorov, dont la *Vvedenie v teoriju perevoda* (*Introduction à une théorie de la traduction,* 1953) pose que la traduction est essentiellement une opération scientifique, et doit être étudiée comme telle; et que les recherches dans le domaine de la traduction doivent faire partie du corps des disciplines linguistiques [2]. Cary conteste que la traduction soit

[1] J. P. Vinay et J. Darbelnet: *Stylistique comparée du français et de l'anglais.* Bibliothèque de stylistique comparée, nᵒ 1, Didier, Paris, et Beauchemin, Montréal, 1958, 331 p.

[2] Cité par E. Cary, *Théories soviétiques de la traduction,* dans *Babel,* vol. III, 4 (déc. 1957), avec une bibliographie des travaux russes de 1838 à 1956, pp. 179-190.

une opération linguistique, et soutient qu'elle est « une opération *sui generis* » [3] : la traduction littéraire est une opération littéraire, le doublage cinématographique est une activité cinématographique, etc. En fait, il ne nie pas Fédorov, il le complète : la traduction n'est pas seulement une opération linguistique, elle ne met pas en jeu seulement la linguistique interne, mais aussi la psycho-linguistique, la socio-linguistique, et toute l'anthropologie culturelle. Par cette convergence de travaux si différents, la traduction pose sa candidature au droit de figurer comme telle dans un traité de linguistique générale.

Vinay et Darbelnet tentent donc une première description, puis un classement raisonné de l'ensemble des faits de traduction, s'appuyant explicitement sur Saussure et Bally, dont les œuvres fournissent un cadre pour passer des inventaires d'expériences artisanales de traducteurs à l'analyse scientifique. L'introduction rappelle les notions de base dans la formulation des deux auteurs suisses, puis propose une terminologie propre, qui délimite sept opérations distinctes de translation : l'emprunt, le calque, la traduction littérale, la transposition, la modulation, l'équivalence, et l'adaptation. Les trois parties suivantes du livre étudient ces opérations dans le cadre du lexique, de l'agencement (syntaxe) et du message (c'est-à-dire de la situation non linguistique entière évoquée par le texte). Deux appendices rapides traitent des problèmes de nomenclature et de documentation; le troisième illustre la méthode avec sept textes, une vingtaine de pages.

Il s'agit d'un livre neuf, qui donne de bonnes descriptions des opérations de traduction, puis un classement — dont

---

[3] E. Cary, *Comment faut-il traduire ?*, Cours polycopié de l'Université Radiophonique Internationale, Paris, 1958, 56 p.

le détail est parfois peu clair, estompé par une poussière d'observations; mais c'est le premier ! Le tout illustré d'une grande abondance d'exemples, et dans la lumière d'une linguistique contemporaine : un excellent point de départ. Qu'on le discute, qu'on le modifie, ou qu'on le complète, on aura toujours avantage à s'appuyer sur la cartographie d'un territoire qu'il a le mérite d'avoir dressée le premier. Mais ce premier essai ne peut pas être le dernier mot du sujet.

Une première série d'observations à faire tient à la double nature du livre, qui veut être à la fois une théorie de la traduction et un traité pratique (son sous-titre est *Méthode de traduction*). Ce qui convient au traité se trouve insuffisant quant à la théorie. C'est le cas pour la bibliographie, franchement pauvre, même pour orienter seulement l'étudiant traducteur. On y voudrait au moins un renvoi à quelque autre bonne source, comme la revue *Babel* [4]. C'est le cas aussi pour la terminologie du livre, dont le glossaire occupe 14 pages : 92 termes, dont 10 renvoient à Marouzeau, Bally, Saussure, et 26 sont courants; mais le reste innove. *Articulation, subjectivisme, niveau de langue, plans, généralisation, tonalité*, spécialisation *fonctionnelle*, qui n'ont déjà que trop d'acceptions, se voient dotées ici d'autres encore. Certains termes, unités simples, fractionnaires, diluées, groupes unifiés, sont peut-être inutiles. On peut douter qu'employer, comme synonyme de *perte*, le terme *entropie*, soit autre chose qu'une concession prématurée au langage de la cybernétique, encore si loin d'être assimilée par la linguistique, même en pointe; on peut le dire aussi de l'emploi hasardé des expressions *perte* et *gain*

[4] Dont les nos 1, 2 (1955) 2, 3, 4 (1956) 1, 2, 3, 4 (1957) 1, 4 (1958) ont entrepris de rassembler la première bibliographie internationale sur la traduction.

d'information, quand on a présentes à l'esprit les adjurations des cybernéticiens, de ne pas utiliser le terme *information* avec un sens de contenu notionnel. (Et que dire d'un emploi de *micro-linguistique*, opposé à métalinguistique ?). Ce terme aussi, *métalinguistique*, est employé sans cesse (à la suite de Whorf et Trager, certes), mais avec une multiplicité d'acceptions fâcheuses, tantôt pour désigner les indices non explicites dans l'énoncé, qui permettent d'identifier la situation dans laquelle il est proféré; tantôt pour englober une grande partie de tout ce qui dans la parole est un fait prosodique, ou stylistique, ou conceptuel, ou social, ou culturel. A deux reprises au moins, les auteurs ont utilisé comme doublet le terme *extra-linguistique* (pp. 44, 159) qui paraît fort bien convenir, étant clair et sans prétention : car il n'y a nul intérêt à baptiser métalinguistique tout ce qui n'est pas la linguistique — c'est tout le reste, dans l'homme et dans l'univers ! Il faut dire ces choses justement parce que le livre est bon, va servir longtemps sans doute, et parce qu'un mauvais départ terminologique, au XXe siècle, est une source infernale de malentendus, de pertes de temps et d'efforts, dont on ne doit peut-être plus s'offrir le luxe.

Parmi ces observations, somme toute mineures, il faut ranger la critique d'un certain goût pour les schémas, nécessaire elle aussi parce que le dessin constitue un moyen de communication (non linguistique) ayant ses règles intrinsèques, qu'il faut connaître et respecter. Par exemple, il est anti-logique d'utiliser comme métaphore graphique d'une notion, dans le même schéma, la division d'une surface, et l'arbre généalogique, ou taxonomique, ou d'abuser sans raison des « axes horizontaux » ou « verticaux », là où ils n'ont que faire. Bien des schémas — non seulement dans ce livre-ci — sont moins clairs que la notion définie par des mots, qu'ils pensent illustrer; c'était déjà le cas pour Saussure. Ici, sauf deux (pp. 196, 261), la plupart des schémas sont inutiles, ou ne sont pas vraiment satisfaisants.

Une seconde série d'observations tient à l'emploi fait de la linguistique, comme moyen d'éclairage concernant les problèmes posés par la traduction, par des auteurs plus praticiens d'esprit que théoriciens. Fondamentalement, Vinay et Darbelnet vont, chez Saussure et Bally, prendre un point de départ et d'appui pour ce qui constitue l'armature de leur théorie de la traduction : « les divergences profondes entre les *génies* linguistiques » (p. 21). « On ne peut nier que les faits observés par M. Malblanc aient une grande part de vérité » reconnaissait déjà M. Vendryes à propos d'un ouvrage que Vinay et Darbelnet prennent expressément pour modèle [5]. Ces divergences entre les « génies » particuliers des langues, ils les fondent surtout, suivant en cela Malblanc, sur l'opposition des *mots-signes* et des *mots-images*, les premiers caractéristiques du français, les seconds de l'anglais. Cette opposition d'une langue française, amie de l'abstrait, à une langue anglaise amie du concret, se prolongerait au-delà des lexiques, à tous les faits de parole : le français préférerait énoncer les faits sur le *plan de l'entendement* (forme abstraite), l'anglais sur le *plan du réel* (l'agencement, le message calquant de plus près l'ordre concret des faits). Cette hypothèse sur les « génies » propres aux langues, ainsi présentée, soulève autant d'objections qu'il y a quinze ou vingt-cinq ans. L'opposition des mots-images aux mots-signes esquive ici la notion, fondamentale aujourd'hui, même quand elle est nuancée par rapport à Saussure, de l'arbitraire du signe. En tant que signes, tous

[5] C. R. de : A. Malblanc, *Pour une stylistique comparée du français et de l'allemand*, B.S.L., t. 42, fasc. 2 (1946), pp. 115-120.

les mots sont abstraits, le mot *cheval* autant que le mot *liberté*, si l'on ne confond pas l'opération d'abstraction sémiologique avec les notions d'abstraction psychologique ou philosophique. Le terme d'*image* est lui-même un instrument périlleux d'analyse intellectuelle : ici, le terme a tantôt son sens linguistique saussurien (« Le signe linguistique unit non une chose et un nom, mais un concept et une image *acoustique* »), tantôt son sens esthétique ou rhétorique (« Nous réservons le terme *image* pour désigner l'effet que produisent les mots concrets ou pittoresques sans qu'ils aient pour cela à prendre un sens figuré », p. 199). La distinction des deux séries (mots-images et mots-signes, plan du réel et plan de l'entendement) reste subjective; il est facile de le vérifier sur le texte de Vinay et Darbelnet qui multiplient les exemples, sans persuader (« Dans : *he swam across the river* " il traversa la rivière à la nage ", le mot *nage*, qui sans doute n'est pas moins imagé que *swim*, est subordonné au terme abstrait *traverser* », p. 58). Le livre entier, de ce point de vue, vérifie une fois de plus que le péril, pour les bons traducteurs, c'est la *surtraduction* [6] : les auteurs le voient bien, ce sont eux qui créent le terme, mais ils y tombent à chaque instant : parce que les traducteurs, habitués à l'arbitraire du signe français qui désigne une chose, sont moins habitués à l'arbitraire du signe anglais, différent, qui désigne la même chose. Leur double clavier, la tension perpétuelle à bien traduire, les amènent presque fatalement à interpréter en termes de stylistique (c'est-à-dire d'expressivité) les faits de pure linguistique (interne).

A chaque instant d'ailleurs, ils doivent multiplier les réserves quant à la théorie qu'ils utilisent à mesure qu'ils

---

[6] Pour lequel S. Marchak avait déjà proposé la notion de « traductionnismes »

la bâtissent. Ils aperçoivent, sans approfondir, toute une série de cas qui les contredisent (p. 123); soulignent qu'on ne peut pas dire que l'anglais ignore tel trait, qu'ils inscrivent pourtant comme spécifique du français (p. 206); ou qu'il serait excessif de dire que le français monopolise tel autre trait (p. 207). « On peut se demander, disent les auteurs, de tous rapprochements cités au cours des pages antérieures, s'ils sont l'effet du hasard ou les traces linguistiques d'une attitude philosophique ou psychologique » (p. 258). On reposera sans cesse la question, même après des livres aussi soignés que celui-ci, tant que le problème ne sera pas traité selon la seule méthode qui puisse débarrasser des intuitions subjectives et des impressions d'ensemble : une méthode statistique. Ce livre, si riche d'exemples excellents pour faire réfléchir au problème, illustre aussi cette lacune : les exemples, quand ils ne sont pas *comptés*, sont toujours choisis, quelquefois construits, quelquefois distordus, pour aller dans le sens de la thèse. Nous sommes certains que les *divergences* existent, nous les constatons sur le plan lexical et sur le plan structural, mais nous ne savons pas ce qu'elles signifient, ni si elles signifient quelque chose dans les domaines psychologique et sociologique. Même S. Ullmann ici, beaucoup plus rigoureux dans ses recherches sur les « tendances sémantiques » de l'anglais, de l'allemand, du français (sur la « typologie linguistique »), même lui ne satisfait pas; ses analyses sur les *mots motivés* et les *mots immotivés* suggèrent, mais elles ne comptent pas des faits. Si l'on veut vraiment trouver quel « rapport existe entre le monde extérieur tel que nous le concevons et la forme linguistique de nos pensées, de notre culture » (p. 258), il faudra faire ce qu'on a commencé dans d'autres domaines, choisir un *corpus*, et compter. Resterait ensuite à vérifier et compter les faits qui répondent à cette observation de M. Vendryes à propos du livre de Malblanc : sa structure fournit sans doute à l'allemand des ressources que le français ignore, mais « il se tire d'affaire autrement ». Vinay et Darbelnet donnent une grande importance aux deux notions de *servitude* (le code linguistique obligatoire de telle langue) et d'*option* (les ressources expressives de la stylistique) : en étudiant comment une langue *se tire d'affaire* quand elle ne dispose pas des ressources d'une autre, on découvrirait sans doute qu'elle se sert de ses « options » pour rendre les « servitudes » de l'autre, qu'elle recourt à sa stylistique pour compléter sa linguistique (interne). A cet égard, l'étude que font Vinay et Darbelnet (pp. 75-86) sur les moyens lexicaux dont dispose le français pour exprimer la notion d'*aspect*, paraît remarquable. Elle permet de comprendre que le français, privé de cette notion d'aspect, puisse pourtant traduire du grec ou du russe.

Tant qu'on n'aura pas conduit ces deux séries d'inventaires sur les servitudes et les options, et surtout sur la compensation des servitudes par les options, de langue à langue, on ne pourra pas se risquer à passer de la linguistique à la « psychologie des peuples »; et toutes les références au « génie » des langues resteront des formules littéraires, irritantes et périlleuses. La « méthode de traduction » que proposent Vinay et Darbelnet, saine et solide, souffre d'être associée à une théorie de la traduction qui reste à fonder : loin d'en être le point de départ postulé, la typologie linguistique — analyse scientifique de ce qu'il y a derrière les divergences entre les « génies » des langues — n'en peut être que l'ultime produit. [7]

---

[7] Ce compte rendu a été publié dans le *Bulletin de la Société de Linguistique*, t. 55, 1960 (fascicule 2), pp. 46-50.

COMPTE RENDU
DE EUGENE A. NIDA [1]

L'auteur dirige le département des traductions de l'*American Bible Society*. Depuis sa première publication (Linguistics and Ethnology in translation problems, *Word*, 1, 1945), il n'a jamais cessé de travailler et de publier dans ce domaine. Trois volumes, *Bible translating* (1947), *God's word in man's language* (1952), *Message and Mission* (1960), une dizaine d'articles importants dans *Word, Language, I.J.A.L., The Bible translator,* jalonnent cette activité. Le présent ouvrage est la somme d'une expérience probablement unique en ce domaine, et d'une réflexion de vingt années. Il contient d'abord une bibliographie de 55 pages (pp. 265-320), d'environ 2 000 titres, la plus riche existant à l'heure actuelle. En outre, les chapitres I (*Introduction*) et II (*Tradition de la traduction en Europe occidentale*) abondent en références à la tradition anglo-

[1] Eugène A. Nida, *Toward a science of translating*, Leyde, E. J. Brill, 1964, X-331 p.

saxonne, en général peu connue même en Europe continentale, en dépit de l'importance d'un Tytler, ou d'un Savory. Certes cette bibliographie n'est pas parfaite, elle comporte beaucoup de titres qui concernent non pas la traduction, mais l'arrière-plan linguistique trop spécifiquement anglo-saxon de l'auteur quand il réfléchit sur la traduction. De plus il y manque des titres notoires, par exemple *Vvedenie v teoriju perevoda*, quand ce ne serait que comme source importante de bibliographie non occidentale; ou la *Stylistique comparée* de Vinay et Darbelnet, titre dont la rédaction dissimule une méthode moderne de traduction, inconnue de Nida semble-t-il, bien qu'il cite d'autres travaux de Vinay.

Les chapitres VII à XII, sur le rôle du traducteur, les principes et les types de correspondance entre langue-source et langue-cible, les techniques et les procédures de traduction, décrivent l'immense expérience de l'auteur, qui ne diffère toutefois pas substantiellement de celle de tous les traducteurs du XXe siècle, et qui n'apporterait rien de neuf, n'étaient l'extrême diversité linguistique des exemples et la présentation des faits et des problèmes, d'une grande rigueur pédagogique, où tout est défini, décrit, soigneusement classifié. Nous sommes en présence d'un catalogue aussi clair et complet que possible de tout ce qu'il faut savoir aujourd'hui sur la traduction. Tout au plus peut-on penser que l'auteur cède à une mode, qui n'est plus spécifiquement américaine, consistant à rebaptiser les vieilles catégories de noms tout neufs, lesquels n'ajoutent pas toujours quelque chose aux vieux concepts, ni plus de clarté, ni plus de valeur opératoire. Ce qu'il appelle traduction orientée vers l'équivalence formelle (*F-E oriented translation*) se révèle à la lecture n'être rien d'autre que le mot à mot sous toutes ses formes; tandis que la traduction

orientée vers l'équivalence dynamique (*D-E oriented translation*) recouvre la déjà vieille notion de traduction visant à
produire le même effet que l'original, c'est-à-dire la traduction moderne. Quand Nida parle d'une forme de traduction
« orientée vers une plus grande décodabilité » (p. 176), cela
veut dire tout simplement : une forme de traduction plus
compréhensible. Et quand il écrit que « la redondance
[d'une traduction] ne doit pas être accrue au point que le
facteur-bruit introduit par l'ennui en diminue le rende-
ment » (p. 82), on traduira : la traduction ne doit pas
devenir paraphrastique au point d'être fastidieuse. On ne
fait ainsi la plupart du temps que retraduire une terminologie traditionnelle en une terminologie empruntée souvent
à la théorie de l'information, sans profit visible pour
l'analyse des faits. L'histoire de la linguistique est déjà
pavée d'exemples qui prouvent combien ces poussées de
fièvre terminologique introduisent de caducité dans les
travaux par ailleurs les plus solides; sans parler de l'obstacle
qu'elles opposent à la diffusion de l'œuvre elle-même, ni du
danger qu'elles courent de faire croire à des explications
nouvelles, quand il n'y a que des formulations nouvelles :
qu'on pense à ce qui reste aujourd'hui d'auteurs comme
Darmesteter, dans sa *Vie des mots*, où la terminologie
linguistique était retraduite en métaphores biologiques,
parce que la biologie faisait fureur (il croyait fermement
expliquer la naissance d'acceptions nouvelles des mots par
référence au procédé de reproduction qu'on appelle gem-
mation ou bourgeonnement dans les organismes inférieurs,
par exemple).

Pour le linguiste, les chapitres les plus précieux du livre
de Nida seront sans doute les chapitres III, IV, V et VI,
sur la nature de la signification, où le lecteur trouvera l'état
le plus récent des recherches américaines en la matière :

un véritable petit traité de sémantique, à jour et complet. Là aussi d'ailleurs, le prix de l'ouvrage réside moins dans la nouveauté de thèses qui seraient propres à l'auteur, que dans la synthèse extrêmement claire et bien ordonnée de toutes celles qui ont actuellement cours outre-Atlantique, de Reichenbach et Morris à Conklin et Lounsbury. Sur ce point encore on pourrait chicaner le goût de l'auteur pour les terminologies forgées à neuf, qui obligent à de constantes retraductions : par exemple, analyse *centripète, centrifuge* et *linéaire* de la signification correspondent à l'analyse des acceptions d'un mot, soit dans ce qui les apparente, soit dans ce qui les distingue, soit dans ce qui les enchaîne historiquement (pp. 32-33). Nida n'est d'ailleurs pas toujours responsable de ces forgeages, et la terminologie sémantique centrale à laquelle il adhère est celle de Lounsbury, qui distingue trois « dimensions » (encore un mot dangereusement à la mode, au point de se vider totalement de toute valeur) descriptives de la signification : elles opposent les facteurs situationnels aux comportementaux, les linguistiques aux extralinguistiques, et les intraorganismiques aux extraorganismiques (pp. 41-43). Vérification faite, ceci n'ajoute par grand-chose à ce qu'on sait concernant l'importance du concept de *situation*, et du concept de *connotation*, en matière de sémantique. Et peut-être cette séduisante triple dichotomie, qui n'est manifestement qu'un *rewording* de la formulation bloomfieldienne, obscurcit plus qu'elle n'éclaircit l'analyse sémantique, sans l'enrichir ni la raffiner par rapport à Bloomfield.

On s'est étendu, à propos d'un manuel excellent, sur ces problèmes de terminologie, parce qu'ils sont en train de devenir capitaux dans la tour de Babel scientifique de la seconde moitié du XXᵉ siècle bien plus qu'on ne commence à la voir et à le dire. La fuite en avant terminologique ne résout rien, dans le cas présent par exemple, des problèmes que nous a légués Bloomfield avec sa terminologie propre. Mais si l'ouvrage de Nida est ici le prétexte, non arbitraire certes, à cette réflexion nécessaire, il faut redire qu'il est appelé à rester, sans aucun doute assez longtemps, la source d'informations et de suggestions techniques très riches concernant la traduction sous tous ses aspects. [2]

[2] Ce compte rendu a été publié dans *La linguistique*, 1066, 2, pp. 137-141.

DIX ANNÉES DE TRADUCTION [1]

Comme ce titre l'indique, il s'agit là d'un volume d'anniversaire : le 4ᵉ Congrès de la F.I.T. coïncidait avec le 10ᵉ anniversaire de la naissance de notre organisation internationale. Il est donc naturel qu'on ait d'abord et surtout célébré à Dubrovnik en 1963 le passage de ce cap difficile pour une association jeune; et parlé, comme l'ont fait ses dirigeants responsables, P.-F. Caillé, I. J. Citroen et J. Wünsche, surtout de ce qui reste à faire pour que la vie et l'activité de la F.I.T. soient toujours mieux à la hauteur des tâches que lui confère son standing international. Les célébrations, les rapports d'activité des sections nationales tiennent également une place justifiée dans ce cadre. Mais toutes ces raisons expliquent le caractère sensiblement différent de contenu entre ce volume et les *Actes* du

[1] *Dix années de traduction / Ten years of translation*. Actes du IVᵉ Congrès de la F.I.T., edited by I. J. Citroen, Pergamon Press, London, 1967, XXI + 398 pages, 80 s. net.

IIIᵉ Congrès de la F.I.T., tenu à Bad Godesberg en 1959 (*La qualité en matière de traduction*, Pergamon Press, 1963).

Ici les rapports concernant les problèmes proprement scientifiques de la traduction tiennent une place qui, sans être mineure, est forcément moins importante (pp. 59-141). Ce qui ne signifie pas qu'il n'y ait pas d'enseignements à en tirer, loin de là. La section 4 (traduction scientifique et technique) confirme le sentiment que cette branche de la traduction est certainement celle qui a pris le plus nettement conscience de ses problèmes et de ses tâches, qui a élaboré les meilleures méthodes de travail pour les affronter, qui a sans doute aussi la meilleure vie collective, la cohésion la plus certaine : on y pose des problèmes concrets, on y apporte des analyses précises, on y suggère des solutions praticables. La section 5 (Aspects linguistiques de la traduction) reste mince, avec deux communications, mais tournées elles aussi vers les problèmes concrets. La section 3 (La traduction littéraire) confirme une crainte que donnait déjà le IIIᵉ Congrès : celle que les traducteurs littéraires ne soient pas encore vraiment sortis de la période artisanale, dans la réflexion qu'ils conduisent sur leur belle activité : on se répète, on répète les vieux problèmes et les vieilles solutions, les vieux dilemmes et les vieux partis pris connus depuis Cicéron et saint Jérôme; tout cela varié certes, comme l'expérience et le talent de chaque traducteur. Mais, un vieux membre de la S.F.T. peut le dire amicalement, on court le risque de tourner en rond, dans le cercle éternel des mêmes généralités. Ici, même l'allocution d'un grand éditeur français, qu'on pouvait espérer si fructueuse en observations, reste un peu décevante.

Dire tout cela d'ailleurs ce n'est rien inventer. Il suffit de lire les derniers numéros de *Traduire*; ou bien les *Quelques réflexions* de J. Wünsche, ou *La F.I.T. a dix ans*, de P.-F. Caillé, ou *Variety of FIT's tasks* de I. J. Citroen, dans le présent volume, pour sentir partout le même appel vers la coopération de toutes les sections nationales, vers la prise de conscience des responsabilités qu'impose à chaque membre l'existence même de la F.I.T. dans des domaines comme la réflexion sur la formation des traducteurs, l'étude de problèmes précis, la constitution d'une science moderne de la traduction, etc. Les traducteurs littéraires donnent encore l'impression d'une profession atomisée, non pas certes routinière mais empirique, qui n'a pas encore franchement pris conscience de son existence comme collectivité importante; qui, notamment, laisse encore trop volontiers tout le poids que représente l'animation de cette collectivité sur les épaules des quelques hommes de foi militante qui l'ont fondée et fait grandir. Au temps du IVe Congrès, le temps de la mutation semble être arrivé : le volume des *Actes* de Dubrovnik doit aider chacun à en prendre clairement conscience; et à cet égard, le bilan et le programme qu'il contient sont exactement ce qu'ils devaient être. [2]

---

[2] Ce compte rendu a été publié dans *Babel*, XIII, 3, 1967.

COMPTE RENDU DE E. DELAVENAY [1]

Il s'agit là de la première publication française sur un thème si neuf que certains linguistes hésitent encore à considérer qu'il fait partie de droit de la linguistique — ou bien pensent encore qu'il s'agit de fictions plus ou moins scientifiques à lointaine échéance, vis-à-vis desquelles il est bon de garder l'attitude prudente de la réserve et du scepticisme.

Le premier mérite de ce petit livre sera de permettre un premier examen sur pièces. Et, première mesure de l'extension prise par le thème des machines à traduire, il faut indiquer que le second tirage (ronéotypé) de la *Bibliographie de la traduction automatique*, de K. et E. Delavenay, qui va paraître imprimée (chez Mouton, La Haye) cette année, compte déjà 300 titres, dont plus de la moitié

[1] Emile Delavenay. *La machine à traduire*, Paris, Presses Universitaires de France, 1959, 128 p. (Collection *Que sais-je ?*, n⁰ 834).

concernent directement les questions linguistiques dans ce domaine. Ajoutons que l'auteur, chef du service des documents et publications à l'UNESCO, se trouvait bien placé pour apercevoir des besoins dont le sérieux vient d'être reconnu, puisque le comité interministériel de la Recherche Scientifique a placé les études préliminaires à la fabrication des machines à traduire (v. *Le Monde* du 16 juin 1959) parmi les « actions concertées d'intérêt national » de son programme d'options.

L'auteur, comme beaucoup de ceux qui ont déjà touché ce sujet, signale à la fois le besoin de linguistes dans ce domaine, et le retard des linguistes par rapport aux autres secteurs associés : l'électronique et la logique mathématique. Or, si les linguistes ont pris ce retard, c'est qu'ils ne voyaient pas bien le rapport entre ces recherches, à leurs yeux purement technologiques, et leur discipline. E. Delavenay donne à cet égard suffisamment d'indications, d'exemples détaillés, d'illustrations concrètes pour les convaincre qu'il s'agit bien là, pour une grande part, de problèmes linguistiques à résoudre, et qui ne peuvent être résolus qu'avec le concours des linguistes. Les recherches linguistiques commandées par les machines à traduire font sans doute partie d'une « linguistique appliquée » (comme la nomment les Russes); mais, comme toute les sciences appliquées, celle-ci postule, à sa base, une solide science pure.

Certes, ce petit *Que sais-je ?* ne peut pas être exempt de reproches; il appelle ceux qui sont l'envers des qualités de la collection : la rapidité des exposés, les allusions cursives à des choses fondamentales supposées connues. Le lecteur fera bien de franchir, sans préjuger de l'ensemble, les deux premiers chapitres introductifs, à la fois abstraits et généraux, qui pourraient le décourager ou le décevoir. Mais ces insuffisances, congénitales au moule éditorial, sont sans commune mesure avec l'intérêt du manuel. (Le seul vrai reproche à faire à l'auteur est peut-être d'avoir opposé cà et là, par exemple p. 13, « la conception nouvelle des études de linguistique », qui découle des études préparatoires à la machine à traduire, aux anciennes conceptions comme une espèce de rivale. En fait, la linguistique appliquée ne risque pas de concurrencer, moins encore de périmer, la linguistique historique, ni la structurale. Tout au plus fournira-t-elle à la linguistique générale de nouveaux matériaux, de nouveaux éclairages).

L'attention des linguistes sera plus sûrement attirée par ce que l'auteur dit de l'utilisation des travaux d'O. Jespersen et de C. Fries concernant les structures de la syntaxe. Il y a là une belle illustration de ces travaux de recherche pure qui trouvent brusquement leur plein emploi, dans un secteur de science appliquée, quelquefois longtemps après avoir été mis en lumière : exemple frappant de la liaison entre deux types de recherches qui ne s'opposent jamais qu'en apparence, à court terme. (Et l'inverse est aussi vrai : qu'on évoque seulement l'utilisation toute récente, dans les recherches pures de linguistique statistique, de comptages de vocabulaire nés très prosaïquement de recherches très pratiques sur la distribution des caractères d'imprimerie, l'enseignement des immigrants, la constitution des sténographies).

Mais peut-être plus suggestives encore apparaîtront les nombreuses indications d'E. Delavenay (pp. 11, 17, 51, 59, 60, 61, 105, 106, 108) concernant la nécessité, pour faire avancer la traduction automatique, de connaissances plus étendues dans un domaine où la linguistique récente a sans doute moins avancé que dans d'autres : le domaine des significations, du « contenu » hjelmslévien — la sémantique, pour l'appeler de son vieux nom. Tous les travaux sur la « structure du contenu », comme ceux de Hjelmslev, ou de Prieto, (ou ceux, négateurs, de Bloomfield ou de Z. S. Harris) se trouvent tout à coup valorisés, appelés, nécessités par des besoins qui, souhaitons-le, seront un coup de fouet dans ce secteur de la recherche linguistique pure.

Ajoutons que si l'auteur croit fermement à l'avenir de la traduction automatique, il en marque à chaque instant les limites, tant les actuelles que les lointaines. Il s'agit bien de linguistique, et non de science-fiction; l'ouvrage aidera vite à s'en persuader tous les esprits sans prévention. [2]

[2] Ce compte rendu a été publié dans le *Bulletin de la Société de Linguistique*, T. 55 (1960) fascicule 2.

COMPTE RENDU DE J. MAILLOT [1]

Le livre est intéressant, bien écrit, clair, construit méthodiquement. C'est l'ouvrage d'un esprit plein de bon sens, et d'un esprit vigoureux, solide, personnel, qui ne se contente pas de donner, concernant son domaine, les développements habituels d'anecdotes piquantes et généralement controuvées. Tout y est intelligent, soigné, fouillé. Ce sera un bon manuel pour les traducteurs et les apprentis-traducteurs dans le domaine de l'électrotechnique : il introduit à une vue concrète des problèmes. Pour l'ensemble des traducteurs scientifiques et techniques il pourra servir aussi d'initiation indirecte, dans la mesure où problèmes et solutions seront éclairés par analogie.

Je ne suis pas compétent pour juger ou corriger peut-être le traducteur dans sa spécialité. Les quelques observations critiques que l'on peut faire au livre sont les suivantes :

---

[1] Jean Maillot, *La traduction scientifique et technique*, Paris, Eyrolles éd., 1969.

1. Bien que l'auteur donne d'excellents conseils aux traducteurs sur la présentation de leur travail, le sien ne répond pas aux normes d'une bonne présentation scientifique : aucune bibliographie — alors que les ouvrages de Vinay et Darbelnet, de Fedorov, Wüster, Jumpelt, Savory, Gentilhomme et d'autres eussent dû être cités comme compléments au moins, et peut-être même eussent pu être connus comme sources. On s'étonne de ne voir pas désignés en références des ouvrages ou des dictionnaires qui sont sévèrement critiqués dans le texte, sans doute à juste titre — et sans doute est-ce par courtoisie; mais le lecteur propédeute ne sera pas guidé par ces allusions, transparentes pour les vieux routiers seulement (par exemple ch. XII, pp. 128-131; au ch. XIX, pp. 201-203, deux dictionnaires sont critiqués aussi, mais toujours sans références scientifiques complètes, commodes à retrouver). On garde l'impression d'une élaboration sérieuse, mais d'un traducteur empiriste, solidement pédagogique au niveau artisanal plus que théorique.

2. Les chapitres proprement linguistiques ou lexicologiques (I à VIII) sont typiques à cet égard. Remarquables comme collections d'exemples très bien classés, ils ne tirent pas profit des travaux plus théoriques cités ci-dessus. Au chapitre XIV, lorsqu'il est traité du problème théorique de la définition en terminologie (p. 150), on voit bien que l'auteur ignore toute la sémantique, la notion d'arbitraire du signe, celle de trait sémantiquement pertinent, qui sont devenues fondamentales ici. Dans la chapitre XVII, où l'auteur s'aventure dans le domaine des problèmes de la transcription (phonétique) et de la translittération, il y a quelques affirmations qui reflètent une culture linguistique vieillie sur le premier point : l'auteur ignore l'existence de la *broad* et de la *narrow transcriptions*, la première parfai-

tement capable de transcrire phonétiquement les plosives, aspirées, et les dentales, rétroflexes, de l'anglais. Bien que l'auteur le dise en conclusion (« il y a autant de transcriptions alphabétiques que de langues ») son développement n'est pas fondé sur cette thèse; et il confond comme beaucoup de non-linguistes phonie et graphie (cf. ch. XVIII, p. 176 et ss.).

On ne présente ces observations que par intérêt pour l'ouvrage. Dans l'ensemble, tel quel, il est un manuel utile qui répondra à une lacune; car il n'existe à ma connaissance, en français, aucun travail qui puisse, comme celui-ci, introduire l'étudiant en traduction scientifique et technique à l'ensemble des problèmes de sa future carrière.

(Inédit, 1968).

AFTER BABEL [1]

L'ouvrage du professeur Steiner est sans doute la publication la plus importante en volume et en matière, sur la traduction, depuis plus de dix ans. C'est probablement aussi la plus brillante et la plus fascinante. Même le chercheur le plus chevronné et le lecteur le plus infatigable seront d'abord impressionnés par les ressources bibliographiques, positivement immenses qui sous-tendent la construction intellectuelle proposée par l'auteur. Son érudition éblouit et désarme, on se sent presque jaloux d'un cerveau qui manœuvre avec une assurance infaillible au centre d'un si vaste réseau d'informations, toujours disponibles au moindre appel.

Et pourtant c'est peut-être la première limite de l'ouvrage. Le traducteur et le linguiste, un peu remis de leur admiration première, découvrent à mesure, à travers un

[1] George Steiner, *After Babel, Aspects of Language and Translation*, London, Oxford University Press, 1975, XII-507.

exemple aussi étonnant, que même l'esprit le plus prestigieux dépend terriblement de sa documentation, surtout de
la confiance qu'il lui accorde, sans vérification, sans pratique. Sur le langage, Merleau-Ponty, par exemple, n'est pas
aussi solide que le croit Steiner, et ses formules phénomé-
nologistes sont plus miroitantes que convaincantes (p. 128
et sq.). L'exemple même de George Steiner illustre donc le
risque, aujourd'hui inévitable, qui guette en sciences
humaines la recherche conçue comme un travail solitaire
de cabinet, de lecteur érudit : le temps de Pic de la Miran-
dole est bien mort. Cette érudition, bien que prodigieuse,
met sur le même plan des conquêtes linguistiques récentes
et des lectures philosophiques vétustes (Merleau-Ponty
toujours, p. 112; ou bien le médiocre ouvrage de Mario Pei,
p. 56; ou bien les constructions si contestables de Weisger-
ber, p. 86; ou bien Humboldt, retenu pour ce qu'il a de
plus constesté, sauf par la tradition allemande toujours un
peu partiale devant son grand homme). Elle retarde déjà
plus d'une fois sur des points cruciaux : l'âge de l'apparition
du « langage caractéristiquement humain » (p. 186, n° 1;
aussi p. 281) est-il à placer voici 100 000 ans ou bien
très au-delà, comme le suggèrent fortement tous les travaux sur l'anthropologie née des fouilles d'Afrique orientale ?

Cette bibliographie accablante de richesse est pourtant
incomplète : pourquoi oublier Malinovsky parmi ceux qui
« ont dit quelque chose de fondamental ou de neuf à
propos de traduction » ? (p. 269). Et Urban ? Et I.A.
Richards ? On n'aurait pas de peine à multiplier de tels
exemples. Ainsi, sur le bilinguisme, ses composantes neuro-
logiques et ses conséquences psychologiques, Penfield est
absent (p. 119).

En fait, on a plus d'une fois le sentiment que cette matière bibliographique n'est pas toujours maîtrisée, pas vraiment assimilée (sur Humboldt « précurseur de Whorf », p. 85 ; sur Whorf lui-même, p. 84, 88 par exemple). On peut même douter que Steiner ait toujours pu juger par soi-même de la qualité de ses sources : il cite dans sa bibliographie d'excellents travaux sur la traduction (Nida, par exemple) qu'il n'utilise manifestement pas, bien qu'ils eussent dû au moins l'inquiéter sur ses propres certitudes. En, linguistique, malgré deux références à Troubetzkoy, il ignore totalement le fonctionalisme pragois qu'il interprète erronément : selon lui, « la théorie des traits distinctifs de Roman Jakobson est un raffinement des universaux de Troubetzkoy » (p. 85-86).

Force est donc, en dernière analyse, de nuancer l'admiration pour une étendue si captivante de lectures, qui ne construisent en fin de compte qu'une espèce de catalogue, un encyclopédisme sans hiérarchies historiques ou critiques : réellement un dictionnaire encyclopédique de citations sur la traduction dans ses rapports avec le langage, mais qui ne serait ni alphabétique, ni méthodique, ni vraiment à jour.

On aurait tort de croire, à cause de ces réserves qu'on vient d'être obligé de faire, que le livre de Steiner soit de peu d'intérêt, voire négligeable. Il abonde en remarques d'une finesse qu'on goûte de page en page, sans arrière-pensées (p. 23 par exemple, lorsqu'il évoque la difficulté de reconstituer la sensibilité culturelle de l'homme qui, le premier, compara la couleur de la mer avec celle du vin que nous appelons rouge, et qu'il appelait noir : et c'est Homère et la « mer vineuse »). Mais, vraiment, l'auteur aborde trop de problèmes à la fois, toujours trop vite — et c'est la seconde limite de son ouvrage. Ce n'est un travail scientifique ni sur le langage ni sur la traduction. C'est un essai de philosophie du langage avec toutes les insatisfactions que peut laisser l'essayisme sur un tel problème, avec le péril de faire de la « littérature » sur la traduction.

Sur ce thème, en effet, le lecteur ne souhaite pas, aujourd'hui, être fasciné, mais être instruit, être aidé, être formé. Il y a toujours chez Steiner trop de goût pour le trop subtil, pour le paradoxe et le paralogisme. Il est passionnant lorsqu'il esquisse (p. 115 et *passim*) la théorie qu'il construit sur son propre cas psychologique, celui d'un trilingue de naissance et, de surcroît, un trilingue surdoué. Mais ce n'est que la théorie de son propre cas, exceptionnel à tous égards. A la limite, on peut craindre que le livre ne séduise vraiment que le grand public, les non-linguistes et les non-traducteurs — et qu'il l'induise en erreur sur ce que sont aujourd'hui les théories linguistiques et les théories de la traduction. Malgré toutes les lectures qui le soutiennent, et qui sont souvent récentes, un tel ouvrage — de philosophie du langage, classique et traditionnelle — aurait pu être écrit voici quarante ou cinquante ans.

Par philosophie du langage, il faut entendre ces constructions intellectuelles dont les seuls supports sont la cohérence verbale de la pensée abstraite, à partir de démonstrations par citations plus que par analyse de matériaux bruts; ces constructions langagières nourries de références surtout livresques, où tout peut être ou paraître juste, comme dans la plaidoirie d'un avocat, parce qu'il ne cite que les articles du code qui le servent. Chez Steiner on peut presque affirmer, quant aux problèmes qu'il soulève, que tous les faits sont là, mais dans le désordre, et presque jamais avec leur dimension exacte. On est en face de dix mille phrases environ, dont on accepte la moitié, mais il faudrait cinquante à cent mille autres phrases pour discuter celles avec lesquelles on est en désaccord, et sur bonnes raisons — soit par un contre-exemple, soit par une autre analyse, soit par une autre hypothèse.

De plus, toutes les choses exactes auxquelles on souscrit sont archiconnues des traducteurs, même si elles sont redites avec beaucoup d'originalité ou illustrées par des exemples souvent très neufs et très saisissants : à cet égard le chapitre I (*Understanding as translation*) est vraiment remarquable. Mais que d'espace il faudrait pour discuter des formules aussi littéraires et discutables que : « en fait, c'est le langage qui parle » (p. XI); ou que celle-ci : « La Révolution française et la révolution bolchévique furent linguistiquement conservatrices » (p. 20). (En fait, au moins pour la première, il y a de bonnes indications de Chateaubriand, de bonnes études de Paul Lafargue et de Ferdinand Brunot qui montrent le renouvellement et l'enrichissement profond du lexique, qui nourriront bientôt le mouvement romantique dans toute sa substance, et qui libèrent la littérature du style noble.) Dire que « lorsque nous employons un mot, nous éveillons par résonance, pour ainsi dire, toute son histoire antérieure » (p. 24), c'est nier sans preuve la démonstration de Saussure, admirable, lorsqu'il explique à partir du mot *dépit* que « le peuple ne parle pas avec des étymologies » (tout au plus l'assertion de Steiner est-elle très partiellement vraie pour les lecteurs et les poètes hypercultivés, comme un Valéry par exemple). Il est hasardé d'affirmer que les quatre ou cinq mille langues actuellement vivantes dans le monde sont les restes d'un beaucoup plus grand nombre de langues parlées dans le passé (p. 51) : c'est ignorer la divergence, à partir d'une langue, comme cause de la naissance de toute une famille par où des dizaines, voire des centaines de langues mutuellement incompréhensibles dérivent d'une souche unique. Ecrire que

« toute langue opère avec des combinaisons sujet-verbe-objet [et que] parmi elles, les séquences verbe-objet-sujet, et objet-sujet-verbe sont excessivement rares » (p. 97) est un indo-européocentrisme désarmant : le basque, l'arabe, maintes langues caucasiques, le japonais suffiraient à le démontrer. Tout ce qui est affirmé de philosophiquement général sur la notion grammaticale de temps (p. 131 et sq.) est pour l'essentiel une pure vue de l'esprit, et Georges Lefèvre a bien fait voir dans *L'incroyance au XVI⁰ siècle* comment, dans le monde occidental même, l'appréhension du temps physique s'est modifiée sous l'influence du développement des appareils à mesurer le temps. Dans maintes langues, *l'aspect* de l'action reste bien plus important grammaticalement que la fixation du temps de celle-ci, la chose est connue de tous les linguistes, même sans sortir de l'indo-européen. Prétendre que « l'homme et lui seul a développé une grammaire de la futurité » (p. 159) néglige toutes les suggestions saisissantes de G.B.S. Haldane qui, au contraire, a montré que toute la communication animale est orientée vers le futur; et que l'une des plus mystérieuses conquêtes du langage humain, si on le conçoit comme développé à partir de l'animal, est au contraire la capacité de renvoyer au passé.

Il faudrait autant de pages que le livre de Steiner en comporte pour énumérer tous les points sur lesquels l'auteur est aisément critiquable, et pour simplement, comme on l'a fait ci-dessus, mentionner le type d'argumentation qui s'oppose à ses affirmations. Tout ce qu'il dit (p. 303 et sq., et p. 372 et sq.) sur les difficultés de la traduction, par exemple, a été combattu cent fois sous le nom de *traductionnisme* ou de *surtraduction*. Le lecteur informé se sent, sur tous ces points, devant un goût excessif de la science-fiction linguistico-philosophique, un plaisir presque pervers de se donner le grand frisson devant les prétendus mystères du langage (Ainsi : « Si le coït peut être schématisé comme dialogue, alors la masturbation doit être corrélative de la pulsion vers le monologue », etc., p. 39; ou bien encore : « la fonction séminale et la fonction sémantique [y a-t-il ici, en dernière analyse, un lien étymologique] », p. 39).

Certes, Steiner sait et dit lui-même, en maints endroits, que ses constructions sont « impressionnistes » (p. 110); ou que « ceci aussi [qu'il avance] est pour sûr une con-jecture » (p. 284); ou bien que « ces points [sur lesquels il s'appuie] ne peuvent être prouvés » (p. 285). On trouvera des repentirs et des prudences analogues un peu partout (pp. 156-157, 145, 170, 186, 196, 235 etc.). Mais il passe toujours outre. Et l'on peut affirmer que cet ouvrage, avec toutes ses qualités, son brio incomparable, ses trésors de faits, reste actuellement le modèle même du livre qu'*il ne faut plus écrire*, ni sur le langage ni sur la traduction : un pot-pourri de lectures, un essai.

La thèse qui traverse le livre est sans doute celle-ci : d'une part, « comprendre c'est [déjà] traduire » (c'est le titre du chapitre I). « Quand nous lisons ou entendons un énoncé linguistique quelconque (d'une langue d'autrefois), que ce soit le Lévitique ou le *best-seller* de l'an dernier, nous traduisons. » (p. 28). Et même : « Un être humain exécute une opération de traduction, au plein sens du terme, quand il reçoit un message linguistique d'un autre être humain quel qu'il soit. » (p. 47). « Lire, c'est déchif-frer », (p. 77). Et plus encore : « toute communication est traduction » (p. 238; v. aussi pp. 414 et 471). Et pour-tant, dit Steiner d'autre part, « je souhaite montrer ceci, que la communication avec l'extérieur est seulement une phase secondaire, socialement acquise, dans l'acquisition du langage » (p. 120); que « présenter schématiquement le langage comme de l'*information,* ou identifier le langage, qu'il soit vocal ou non, avec de la *communication,* est complètement erroné. » (p. 229). En ce sens, comme le dit la jaquette du livre, celui-ci « esquisse une critique radicale de certains courants dominants de la linguistique actuelle ». Selon Steiner, peut-être personne n'a-t-il jamais compris personne, parce que le langage n'est pas essentiellement un instrument de communication : « En bref, combien de contemporains de Shakespeare [et de lecteurs ultérieurs] ont-ils pleinement compris Shakespeare ? » (p. 2).

Il me semble que Steiner critique radicalement la linguistique « scientifique » actuelle parce qu'il la connaît mal : il l'identifie presque partout avec la grammaire générative (cf. pp. 110, 122, malgré l'allusion à l'école de Prague, sauvée par son intérêt pour la littérature !). Il me semble aussi que, sauf peut-être la citation sur l'acquisition *sociale* du langage comme phénomène secondaire (p. 120), qui est aberrante, les linguistes et les traducteurs n'auront pas de mal à retrouver dans la thèse de Steiner, fussent-ils renouvelés avec éclat, tous les poncifs des vieux débats littéraires et philosophiques sur la traduction. Mais, à franchement parler, rien pour en sortir, ou pour faire au moins un pas en avant dans la direction des solutions. C'est dommage d'être obligé d'en venir à cette conclusion, concernant l'anthologie la plus foisonnante des réflexions que l'homme a faites sur l'opération traduisante depuis deux mille ans. [2]

---

[2] A paraître dans *The Bible translator,* n° 1, 1976.

LES TRADUCTRICES ELECTRONIQUES

La première chose à savoir sur les machines à traduire, c'est qu'elles existent vraiment, sur le plan expérimental au moins, dans une trentaine d'endroits du monde. Les calculatrices électroniques, si on leur fournit un texte (mais non pas toujours un texte *quelconque*), codé sur cartes perforées ou ruban magnétique, peuvent en livrer la traduction sur machine imprimante, automatiquement.

Comme pour toutes les machines d'aujourd'hui, la première question qu'on se pose, c'est de savoir comment elles marchent. Et, comme pour toutes les machines d'aujourd'hui, la réponse non technique ne peut être fournie qu'en essayant d'en faire imaginer le principe. Qui d'entre nous peut dire ce qui se passe à l'intérieur d'un central téléphonique automatique ? En fait, les opérations grâce auxquelles l'abonné marseillais 68-82-23 peut obtenir, en déplaçant son doigt dans les trous d'un cadran, l'abonné lillois 71-37-08, ne sont pas plus mystérieuses que celles grâce auxquelles un pinceau lumineux passant à travers les perforations d'une carte qui code le mot russe *ugar* obtient la réponse *oxyde de carbone* et la fait imprimer comme un téléscripteur. C'est le principe du « dictionnaire automatique ».

Certes, le dictionnaire automatique livre ainsi — mais très rapidement — quelque chose qui ressemble au brouillon de la version qu'un élève de sixième ferait « à coups de dictionnaire », en notant chaque fois toutes les acceptions du mot cherché. Contrairement à ce qu'on aurait pu penser, ce produit brut est *utilisable*. Soit un titre traduit du russe (*Neuf, nouveau, moderne*) + (*Mesure, mensuration, métrage, dimension*) + (*Méthode, manière, façon*) + (*Vitesse, vélocité, taux, rapport*) + (*Lumière, luminosité, briller, lumineux*) + (*Présenté, introduit, produit, imaginé*) + (*Académicien*) + (*G.-S. Landsberg*). Un *post-éditeur* humain, ignorant le russe, rien qu'en biffant les acceptions écartées et en ajoutant les mots de relation, reconstitue le titre : *Nouvelles méthodes (de) mesure (de la) vitesse (de la) lumière, présentées (par l') académicien G.-S. Landsberg*. On a fait beaucoup mieux depuis 1956, date de cet échantillon.

Si on peut décomposer en suites d'opérations unitaires le travail intuitif du traducteur-homme sur une difficulté de la traduction donnée, on pourra toujours mécaniser ces opérations par des suites d'instructions que la calculatrice électronique exécutera à des vitesses inouïes : au millième de seconde seulement, ce serait encore un millier de ces opérations unitaires à la seconde. C'est ainsi que la machine a été instruite à décomposer (pour les recomposer en langue-cible) les mots à plusieurs formes de la langue-source : elle peut « splitter » toutes les formes du verbe *finir — finissons*, par exemple — pour extraire ensuite les traductions russes : racine de l'infinitif *končat'* + *première personne du pluriel du présent*. Au prix d'une vingtaine ou d'une cinquantaine d'opérations unitaires la calculatrice peut être instruite à vérifier (pour les mots à plusieurs sens) quel est le mot qui suit : entre tous les sens du mot *boîte*, après s'être assurée, en un dixième de seconde, que la présence immédiate est *de nuit*, elle traduira non pas *box* (en anglais), mais *night-club*. Les tournures idiomatiques qui semblaient au départ absolument rebelles à toute analyse automatique se révèlent au contraire beaucoup moins embarrassantes qu'on ne l'aurait cru. Mais à une condition : c'est que la calculatrice dispose d'une « mémoire » assez vaste pour y loger son « dictionnaire »; or, de 1954, où les mémoires électroniques contenaient 250 mots, ou bien de 1956, quand elles atteignaient 1 000 mots, on est passé à des mémoires sur disques de verre pouvant enregistrer 30 millions de signes binaires, ce qui représente au moins 300 000 termes ou expressions.

Naturellement, tous les problèmes sont loin d'être résolus. Chaque progrès d'ailleurs, dévoile au moins autant de difficultés qu'il en résout. La syntaxe, par exemple, que tous les chercheurs avaient décidé de négliger au départ, vers 1952, tellement les obstacles en paraissaient effrayants, sera sans doute la grande barrière à sauter pour produire des traductions massivement utilisables. Les problèmes nés des mots à sens multiples sont loin d'être tous résolus. Et les obstacles, nés du fait que la machine (à la différence de l'homme) ne peut pas explorer les contextes trop éloignés pour déterminer la signification d'un terme, sont redoutables.

Il n'en reste pas moins que la traduction automatique poursuit discrètement sa route, après la période un peu fracassante du lancement de l'idée (1952-1956). Elle la poursuivra jusqu'au succès parce qu'on en a besoin.

Les machines à traduire, en effet, ne sont pas nées du besoin qu'auraient les éditeurs d'automatiser la traduction des romans, des pièces et des poèmes dont ils seraient accablés. A part l'urgence, parfois, de traduire un *best-seller* aussi vite que possible après son succès dans l'original, dans ce domaine il n'y a pas péril. Tous les promoteurs de la recherche ont répété qu'ils excluaient pour longtemps de leurs soucis les textes littéraires. Les machines à traduire sont nées de deux besoins qui n'ont rien à voir avec la littérature. D'abord les calculatrices sont des machines tellement puissantes qu'elles sont presque toujours en chômage partiel : il faut leur inventer des emplois. C'était la préoccupation essentielle d'un des parrains de la traduction automatique, Booth, directeur d'un Laboratoire de Calcul à l'Université de Londres, un pur mathématicien. D'autre part, dans le domaine scientifique et technique, les chercheurs sont submergés de publications qu'ils n'ont pas le temps de parcourir, et ceci en douze ou treize langues de standing international. C'est ce besoin d'exploration, ultra-rapide si possible (encore accéléré par la recherche militaire), qui a suscité la recherche et son financement. L'objectif est littéralement de passer des milliers et des milliers de pages de physique atomique, d'électronique, de chimie des carburants solides, de balistique, d'hyper-aéro-dynamique, etc., dans des traductrices électroniques qui fassent fonction de *filtre* : fournir une traduction brute, défectueuse autant qu'on voudra, mais qui permette de voir d'un coup d'œil si le texte est intéressant. Dans ce cas on l'envoie à raffiner, c'est-à-dire au traducteur-homme, lent et coûteux.

Tout le reste est pour plus tard. Si la machine traduit un jour des poèmes ce sera sans doute au XXIᵉ siècle, à titre d'expérience et pour s'amuser, par surcroît.

[1] Ce texte a été publié dans l'hebdomadaire *Arts* du 15-21 mai 1963.

MACHINES POUR TRADUIRE

Ce sont les dernières-nées de la cervelle humaine. On y songeait, depuis 1933 en Russie, avec des projets de Trojanski; depuis 1946, en Angleterre et aux Etats-Unis, avec les suggestions de Booth et de Weaver. Il en existe aujourd'hui, qui se sont produites en public, à New York le 7 janvier 1954, à Londres à la B.B.C. en 1955; à Moscou, plus discrètement, fin 1955. Leur premier travail a été de démontrer qu'elles existaient, qu'elles marchaient, c'est-à-dire traduisaient vraiment. Cette démonstration ne visait pas à convaincre le public, lequel, naturellement, n'y croyait guère — ce qui n'avait pas d'importance immédiate — mais à persuader les groupements financiers privés ou gouvernementaux dont les fonds étaient indispensables pour continuer les expériences. Car celles-ci coûtent cher, la moindre calculatrice électronique valant (en 1960) un quart de milliard d'anciens francs.

Comme toutes les machines, depuis le stylet pour écrire (que les Grecs homériques accusaient de tuer la mémoire), les machines à traduire ont déclenché les réactions anti-machinistes classiques. D'une part, on nie qu'elles puissent exister. Elles ne résoudraient pas les problèmes du choix entre les acceptions multiples d'un mot. (La préposition *de* couvre six pages du Littré, dix-sept colonnes, avec vingt-sept acceptions, sans compter seize remarques). Elles ne se dépêtreraient jamais de tournures idiomatiques, ni des groupes de mots formant un sens unique (*pain d'épices, pain de Gênes*, etc.), ni des explétifs, ni des nuances de contexte. Elles n'arriveraient jamais à voir clair dans les complexités, les bizarreries, les illogismes des syntaxes (« Dites-leur que nous leur sommes on ne peut plus reconnaissants... »). Mais, d'autre part, on s'alarme pourtant du danger de ces machines impossibles. Elles vont manger le pain des traducteurs et, de plus, pervertiront les auteurs. Comme le bon marché de leur production fera prime, on verra des écrivains soucieux de diffudion mondiale écrire en *machinois*; d'avance, ils élimineront le nom choisi, l'adjectif insolite, la construction rare, qui ne passeraient pas dans la machine. Comme dit le traducteur brésilien Rónaï, chacun s'appliquera très vite au style *mécatraductible*.

Ces pronostics évoquent une menace imaginaire. Les M.T., comme on les appelle, ne proposent pas de traduire des romans, des pièces de théâtre, des poèmes (encore moins d'en écrire automatiquement, comme la Minou Drouet électronique, téléguidée par son constructeur humoriste, Albert Ducrocq). On pourrait même ajouter, méchamment, la raison pour laquelle la littérature n'a pas besoin de M.T. : si tant d'œuvres ne sont pas traduites, ce n'est jamais parce que leurs éditeurs manquent de traducteurs — c'est parce qu'elles manquent de lecteurs.

Il n'en est pas de même pour les textes scientifiques et techniques. Et c'est d'ici que part l'histoire des M.T. Si leur travail est bien de traduire, leur fonction sera de lire : ce seront des machines à explorer l'imprimé, des machines à prospecter les déserts de la bibliographie, des machines à survoler l'océan d'encre où se noie tout chercheur.

Par exemple, le Centre National de la Recherche Scientifique a (pour l'année 1958) reçu chaque mois 405 périodiques russes. Une estimation modérée suppute qu'il y a là 1 000 à 2 000 articles intéressants, peut-être importants. Comment savoir s'il existe, parmi ces 12 à 24 000 textes édités chaque année, un travail sur « La sensibilisation chimique aux divers rayonnements des émulsions à haute dispersion » ? Comment savoir surtout, le texte trouvé, ce qu'il contient vraiment ? Encore peut-on, pour le texte en russe, essayer de trouver un traducteur qui sache à la fois suffisamment de français, de russe, de chimie. Mais j'ai connu quelqu'un qui, sur le vu d'un résumé de six lignes en anglais, rêvait d'un article de quinze pages, en japonais, sur la toxicité des carburants solides — article plus inaccessible pour lui que la lune : il n'existe à Paris que deux ou trois traducteurs de japonais, pour la littérature, et la diplomatie. [Panov [1] écrit qu'il paraît tous les ans 50 000 articles, ouvrages ou brevets sur la chimie, 1 000 revues savantes russes, 700 japonaises, etc.]. A chaque instant, quelque part, un chercheur est saisi par la crainte qu'il n'existe un texte capital enfoui dans une publi-

[1] Le lecteur intéressé par ces questions trouvera des articles clairs, accessibles et plus complets dans les revues *Impact,* vol. X (1960), no 1 (articles de Panov et Delavenay), *Recherches Internationales,* no 7, mai-juin 1958 (articles de Panov, Liapounov et Moukhine). Ceci en français. En anglais, dans la revue *Babel,* vol. II, no 3 (1956) (articles de Booth et Brandwood). En outre, un *Que sais-je ?* d'E. Delavenay : *La machine à traduire* (1958).

cation minuscule, un compte rendu sans éclat. D'où le point de vue, cité par Panov aussi, du groupe industriel estimant qu'il coûte moins de temps et d'argent pour entreprendre une recherche à partir de zéro, que pour se procurer, traduire, exploiter tout ce qui a été publié sur le même sujet. Mais, inversement, tout le monde cite l'exemple connu d'un fameux article sur l'expression algébrique de circuits électroniques particuliers, publié dans les *Dokladij* de l'Académie des Sciences de l'U.R.S.S. en 1950 — article dont l'ignorance a coûté 70 millions d'anciens francs aux chercheurs américains qui l'ont seulement découvert en 1955; sans compter le temps perdu. C'est parce qu'elles veulent remédier à de telles situations que les M.T. ont trouvé l'argent de leur financement, — qu'aucun éditeur de romans n'aurait imaginé de gaspiller de la sorte, et pour cause.

Les calculatrices électroniques existent. Leurs prouesses (exécuter en quelques heures les calculs d'équations différentielles et d'intégrales qui demandaient des mois à des bureaux de calcul employant des dizaines d'hommes) sont connues, sinon comprises. Comme il était plus important d'expliquer le *pourquoi* que le *comment* des M.T., il n'est pas question de faire ici la description technique des opérations. Ce qui trouble, c'est que ces calculatrices puissent appliquer leur puissance et leur vitesse à cette chose apparemment si différente d'un calcul : une langue. On essaiera donc d'en faire entrevoir les principes, sur les deux points cruciaux qui, la plupart du temps empêchent, non pas de comprendre (c'est trop technique), mais d'*imaginer* ce que sont et ce que seront les M.T. : le fonctionnement d'un dictionnaire électronique, et la vitesse des opérations logiques.

La M.T. travaille comme le traducteur humain, qui consulte son dictionnaire, dans sa tête, ou sous sa main. Les mots de la langue-source sont codés : par exemple le mot russe *vozmojnost'* $= 470\,001$. L'opération de la machine qui reçoit ce numéro consiste à l'identifier, par comparaison avec ceux qu'elle a dans sa « mémoire » électronique, jusqu'à ce qu'elle ait trouvé le bon, qui lui donnera le numéro de code du mot français correspondant, lequel numéro déclenchera l'impression en langue-cible : *possibilité*. Pour l'instant, les mémoires des M.T. sont passées d'un magasin de 250 mots (New York, 1954) ou de 1 000 mots (Moscou, 1955), à des stocks de 2 à 3 000 mots, qui se sont révélés suffisants pour couvrir le domaine d'une science spécialisée (mathématiques supérieures, chirurgie du cerveau, pétrochimie). Les symboles codés du dictionnaire électronique étant rangés numériquement par ordre de grandeur croissante, il n'est pas question d'opérer les comparaisons du symbole cherché avec chacun des deux ou trois mille du dictionnaire successivement : l'un dans l'autre, chaque mot demanderait mille à quinze cents comparaisons. Booth a trouvé la solution, dite logarithmique, parce que si le nombre des mots du dictionnaire est *n*, le nombre de consultations nécessaires à l'identification d'un mot ne dépasse par *log 2 n :* la M.T. prend le numéro du milieu du dictionnaire, et soustrait le chiffre du mot cherché. Si le résultat de la soustraction est positif, le mot est dans la première moitié — sinon, dans la seconde. On répète la même opération pour les deux quarts de la moitié trouvée, les deux huitièmes du quart ainsi sélectionné, ainsi de suite. Pour un dictionnaire d'un million de mots, vingt soustractions seulement suffisent à trouver le numéro cherché, ce qui, pour une machine très lente, en 1955, employait un dixième de seconde. On a progressé depuis, dans la vitesse des circuits, comme dans la capacité des mémoires. Celle que Gilbert King a conçue pour l'International Telemeter Corporation peut inscrire, sur un disque de verre, 30 millions de chiffres binaires.

A ce moment-là les problèmes d'identification des formes multiples d'un mot (*finis, finissons, finirez; chat, chats, chatte, chattes*, etc.), de même que ceux de l'analyse des rapports entre les mots, seront moins préoccupants qu'aujourd'hui. Pour simplifier les recherches, il suffira d'enregistrer toutes les formes distinctes d'un mot comme autant de mots distincts : chaque verbe français comptant trente formes environ, 1 000 verbes irréguliers français feraient 30 000 mots, le 1/30 de la mémoire seulement. Mais, en attendant que de telles mémoires soient commerciales, comment procède la machine ? On a décomposé pour elle la succession des analyses logiques opérées spontanément par le traducteur-homme (c'est cette suite d'opérations logiques qu'on nomme l'*algorithme* de la machine, ou l'algorithme d'une langue). Elle exécute ces analyses l'une après l'autre. Voici un extrait, grossièrement simplifié, d'algorithme, qui permet d'imaginer parfaitement la nature et la possibilité de ces sortes d'opérations. Soit à résoudre, du français en anglais, la traduction du mot *pain*. (Les chiffres, en tête de chaque ligne, signifient : si le résultat de l'opération 1 est positif, exécuter l'opération 2; s'il est négatif, exécuter l'opération 3. Le chiffre 0 signifie : réponse trouvée, à transférer à la sortie).

1 (2, 3)   vérifier si les deux mots suivants sont :
            de Gênes,
2 (0)   traduire : *Genoa bread.*
3 (4, 5)   vérifier si les deux mots suivants sont :
            d'épices,
4 (0)   traduire : *sponge cake.*

5 (6, 7)   vérifier si les deux mots suivants sont :
            de sucre,
6 (0)   traduire : *sugar loaf.*
7 (8, 9)   vérifier si les deux mots suivants sont :
            à cacheter,
8 (0)   traduire : *wafer,*
            etc.
u (v, w)   vérifier si le mot précédent est *un* ou *des,*
w x, y)   traduire : *loaf.*
v (o)   vérifier si le mot précédent est *du,*
            traduire : *bread,*
            etc.

On conçoit que les opérations précédentes puissent être nombreuses, et fastidieuses : mais la machine est ultra-rapide, et ne s'ennuie jamais. Les machines expérimentales connues, depuis quatre ans, peuvent lire 150 à 750 lettres *par seconde* sur cartes perforées, 1 500 lettres par seconde sur ruban magnétique, 50 000 lettres par seconde sur film photographique, 100 000 lettres par seconde sur tambour magnétique. Les opérations logiques proprement dites ont des vitesses allant du millième au cent millième de seconde. Si les M.T. ne sont pas encore dans le commerce, le délai n'est pas imputable aux ingénieurs de l'électronique : ils sont prêts à transforme la calculatrice en M.T. L'arrêt, on le comprend, vient de la fabrication des algorithmes : c'est tout une langue dont il faut faire, au préalable, la micro-analyse logique. C'est long, c'est tâtonnant, car il ne faut rien oublier : la machine ne devine rien, la machine ne pense pas, — elle fait se qu'on lui a dit de faire d'avance. Ce sera un esclave merveilleux, mais il fait actuellement beaucoup travailler son maître.[2]

[2] Ce texte a été publié dans la revue *L'Arc*, n° 12, III, 1960.

LES PROBLEMES THEORIQUES
DE LA TRADUCTION [1]

L'auteur étudie, à la lumière de la linguistique générale contemporaine, essentiellement structuraliste, les problèmes généraux de la traduction.

Il revendique pour l'étude scientifique de la traduction le droit de devenir une branche de la linguistique.

Dans une deuxième partie, il analyse les obstacles que la linguistique moderne semble opposer à la possibilité scientifique de toute traduction : thèses de Saussure, et surtout de Bloomfield, de Z.S. Harris, de Hjelmslev sur la difficulté de saisir et d'analyser pleinement les significations; thèses néo-humboldtiennes qui présentent les langues comme l'expression de « visions du monde » profondément différentes; thèses ethnologiques et anthropologiques qui tendent à décrire et à présenter les communautés linguisti-

[1] Paris : Gallimard éd., collection Bibliothèque des Idées, 1963. Thèse principale de Doctorat d'Etat (Linguistique générale) soutenue en Sorbonne le 10 juin 1963.

ques comme exprimant des civilisations malaisément réductibles les unes aux autres, comme enfermées dans des univers séparés dont les frontières sont difficiles à franchir.

Dans une troisième partie l'auteur examine les problèmes posés à la traduction par le lexique — et les possibilités offertes par la structuration du lexique, surtout à la lumière des travaux de L.J. Prieto, de J.C. Gardin, et des normalisateurs de terminologies comme E. Wüster. Il examine également les difficultés qu'oppose à la traduction intégrale la notion qu'on désigne généralement par « connotation ». Ceci le mène à discuter si la communication interpersonnelle unilingue est possible.

Dans sa quatrième partie, l'auteur étudie la contribution remarquable que peut apporter à la traduction la notion toute récente, encore peu élaborée, des « universaux » linguistiques et anthropologiques.

La cinquième partie démontre que l'ethnographie — et, pour le passé, la philologie — sont de véritables pré-éditions des textes à traduire, qui en restituent un élément linguistique fondamental : la *situation* (au sens bloomfieldien du terme).

La sixième partie est consacrée aux problèmes soulevés par la syntaxe en matière de traduction : ces problèmes sont eux aussi, étudiés à la lumière de la notion bloomfieldienne de situation. [2]

---

[2] Fiche bibliographique parue dans les *Annales de l'Université de Paris*, 1964.

LA MACHINE A TRADUIRE, HISTOIRE DES PROBLEMES LINGUISTIQUES [1]

L'auteur a effectué le recensement et le classement des problèmes linguistiques abordés par la traduction automatique (jusqu'au 31 décembre 1961).

L'introduction étudie les problèmes posés par les définitions et la terminologie concernant ce nouveau domaine de la recherche. Elle fournit également une chronologie des recherches et des travaux connus concernant la T.A. de 1946 (et antérieurement) à 1961.

Une première partie examine du point de vue de la linguistique générale les postulats qui ont soutenu les premières recherches. Tantôt postulats non linguistiques (comme la parenté entre traduction et cryptographie, la théorie de l'information, les logiques symboliques et la psychologie cybernétique). Tantôt postulats proprement

[1] Thèse complémentaire de doctorat d'Etat soutenue en Sorbonne le 10 juin 1963 par Georges Mounin (La Haye : Mouton éd., décembre 1963).

lingusitiques (comme le structuralisme, ou la théorie des invariants du langage). On examine enfin des postulats apparus en cours de recherche (comme celui de l'empirisme des recherches, opposé à tout point de départ fourni par une théorie linguistique; celui de l'analyse des opérations du traducteur-homme; celui de la priorité des programmes bilatéraux; celui de la prééminence de la linguistique en matière de T.A.).

La deuxième partie — après avoir clarifié les notions d'organigramme, d'algorithme et de programme — étudie les problèmes linguistiques eux-mêmes : celui du dictionnaire automatique et de la validité du mot à mot; celui du micro-glossaire, celui des mots à plusieurs formes; celui des mots polysémiques; celui des groupes de mots formant unité sémantique, ou lexies; celui des formes idiomatiques. Deux chapitres plus étendus sont consacrés à la notion de *contexte* avec toutes les approches qu'on en a faites; et aux problèmes de syntaxe, avec l'examen critique des nombreuses solutions proposées jusqu'ici (T.A. sans syntaxe, règles *ad hoc, block-by-block translation,* syntaxes structurale, opérationnelle, distributionnelle, transformationnelle, *transfer grammar,* grammaires prédictive et générative, syntaxe automatique, syntaxes universelles).

En conclusion, l'auteur défend la conception même de son ouvrage par cette idée que la transmission adéquate, et suffisamment rapide, des produits de la recherche est (surtout au XXᵉ siècle) une tâche scientifique aussi importante que la recherche elle-même [2].

---

[2] Fiche bibliographique parue dans les *Annales de l'Université de Paris,* 1964.

PSYCHOLOGIE ET SCIENCES HUMAINES
collection publiée sous la direction de MARC RICHELLE